キレイになる
メイクのプロセス・道具がよくわかる

メイクの
超基本テクニック

メイクアップアーティスト
監修 MANAMI

マイナビ

はじめに

突然ですが、「あなたらしさ」って何でしょうか？
やさしいところ、明るいところ、元気なところ……。
それを、きちんとメイクで表現できていますか？

私は、すべての人が内面を外見に表現できることが
一番「あなたらしい」と思います。
「目を大きく見せる」という技術だけでメイクをしてしまうと、
確かに目は大きく見えるようになっても自然体、等身大の
あなたとはちぐはぐになってしまうかもしれません。

ナチュラルな、あなたらしさのあるメイクを正しく行うコツは、
自分のなりたいイメージと、今の自分のイメージの間に、
どこが足りていて、どこが足りないのか
まずは客観的に知ることが欠かせません。

目、鼻、口といったパーツだけを見ずに、
常に顔全体のまとまりや印象などを意識して改めて見てください。
コンプレックスだったものがチャームポイントだったり、
ここは自信があるから薄く、ここは自分の性格が表せていないからもう少し大きく見せるなど
やるべきテクニックが見えてきて、メイクであなたらしさが表現できるようになります。

この本では、メイクを行ううえで
知っておいてほしい基本の理論やテクニックから、
ＴＰＯに合わせたナチュラルなイメージメイクまでを１冊にまとめています。
どれも簡単にできるように、手順やアドバイスをより簡略化しているので、
最初はうまくできなくても、練習をすれば誰でも必ず上手に、
メイクが仕上がるはずです。

この本が、あなたの本当のキレイを見つける
きっかけになることを心より願っています。

メイクアップアーティスト
MANAMI

メイクを始める前に

本当のキレイを見つけるために大事なことを、メイクを始める前に確認しておきましょう。

1 自分の特徴、肌の色みをきちんと理解しましょう

自分に合うメイクは、自分の中にあります。まず、鏡で自分の顔をよく見て、自分の顔の特徴を理解しましょう。顔の形から目と目の位置や口の大きさ、目が一重まぶたなら一重まぶたに合うメイクが自分らしさを引き立てます。そして、それがチャームポイントになります。また、肌の色みもあなたらしさを表現しています。自分の個性を知ったうえで、自分に合うメイクを探していきましょう。

2 メイクでなりたいイメージを持ちましょう

メイクをしたときに、自分がどんなイメージになりたいかを考えてみましょう。それは、内面を外見で表現するための第一歩。会った相手が、きちんとあなたを理解するための情報にもなります。

「強そうに見えるけど、かわいい自分のイメージを表現したい」「のんびりして見えるけど、活発なイメージを表現したい」など、できれば具体的に。自分の内面をメイクでプ

ラスしていくつもりで、メイクをしたらどんなイメージになりたいのか、頭に描いておきましょう。

3 すべての工程を行う必要はありません

この本では、メイクをするときに知っておきたい基本の理論とプロセスを紹介しています。これは、あらゆるメイクを可能にするための基本のテクニックですが、すべてを取り入れる必要はありません。たとえば、気になるシミがファンデーションでカバーできるのであれば、コンシーラーは必要ありませんし、マスカラもアイラインだけで十分なら省きましょう。自分にとって必要だと思われる工程を選び、行ってください。

4 迷ったら基本のテクニックを参考にしましょう

「アイラインを引いているのに効果がない気がする」「マスカラの選び方がわからない」「シミが濃くなってきて目立ってしまう……」。メイクや化粧品のことで迷ってしまうときこそ、基本に戻りましょう。メイクは、少しの手や指の動き、使う量、順番などによって、仕上がり感が違ってきます。つまり、キレイになるためのヒントが詰まっているのが、基本のテクニックです。迷ったら、ぜひ参考にしましょう。

CONTENTS

Chapter 3 チーク&リップメイクの基本

Chapter 4 10種類のイメージ別メイクの基本

Chapter 5 時短メイク&スキンケアの基本

Chapter 1

ベースメイクの基本

メイクで美しさを表現するために最も重要となるのが、肌の美しさです。肌の美しさは、ベースメイクで表現します。それだけに、ていねいに仕上げていく価値があります。使うファンデーション次第で手順が変わりますので、左の表で確認してから、ベースメイクの基本テクニックを覚えていきましょう。

ベースメイクの手順

気になる肌のトラブルをカバーしながらキレイな肌に仕上げるための、最も基本となるベークメイクの手順です。使うファンデーションを決めたら、この手順に沿ってメイクをしていきましょう。

クリームファンデーションまたはリキッドファンデーションを使う場合

P12～ **化粧下地**
▼
P14～ **コントロールカラー**
▼
P20～ **クリームファンデーションまたはリキッドファンデーション**
▼
P26～ **コンシーラー**
▼
P36～ **フェイスパウダー**

パウダーファンデーションを使う場合

P12～ **化粧下地**
▼
P14～ **コントロールカラー**
▼
P26～ **コンシーラー**
▼
P22～ **パウダーファンデーション**

BB クリームを使う場合

P24～ **BB クリームの塗り方**
▼
P36～ **フェイスパウダー**

ベースメイクで悩まないために覚えておきたい3つのポイント

塗り方の厚さに注意

化粧下地とファンデーションを塗るときは、顔の中で厚塗り、薄塗り部分を意識しましょう。均一に塗ると平均的な顔に見えてしまいます。

コントロールカラーとコンシーラーの使い分けを

肌の色みをカバーしたいときはコントロールカラー、肌の悩みを隠したいときはコンシーラーで上手にカバーします。

ツヤはフェイスパウダーで調整を

フェイスパウダーはツヤを抑えたい部分やコンシーラーを塗った部分だけ塗り、ツヤを生かして理想の肌をつくりましょう。

化粧下地

均一に塗ることで、ファンデーションの「ノリ」「つき」「もち」をよくする

ファンデーションの前に必ず塗りたいのが化粧下地です。化粧下地を塗ることでファンデーションの密着性をアップさせ、ノリやつき、もちをよくします。

化粧下地にはクリーム、乳液などのタイプがあるほか、ニキビを防ぐといった効果があるものもあります。なかでも、ひとつは揃えたいのがオールシーズン使えるクリームタイプ。UVカット効果のあるものならより安心です。選ぶときは季節や肌の状態に合わせて、なるべく自分の顔で試して選びましょう。

スキンケアのあとに化粧下地を塗りますが、このときのポイントは、顔全体に薄く均一に塗ることと、フェイスラインをごく薄く塗ることです。化粧下地をたっぷりとベタつくほど塗ったり、ムラがあると、次に塗るファンデーションをキレイに塗ってもムラになってしまいます。またフェイスラインを厚く塗ると、やはり次に塗るファンデーションも厚くついてしまい、白浮きのような印象になるので注意が必要です。

UVカット効果のある化粧下地

テクスチャやプラスの効果もさまざまな化粧下地。自分の肌の状態や仕上がりのイメージに合わせて選びましょう。

軽いクリームタイプ

SPF50+、PA++++。色付き。
紫外線予報メイクキープUVベース 4+（石）

フルイド（液体）タイプ

毛穴をカバー。
色付き。
プロテクティングファンデーションプライマー（ポ）

クリームタイプ

保湿成分を80%配合。色付き。
コフレドール モイストフィットベース UV（カ）

化粧下地の塗り方のポイント

ムラなく、薄く均一にのばしていきます。

使用する道具／化粧下地

1 顔の4か所にのせ、両頬からのばす

化粧下地を額、両頬(両頬と鼻の分)、あごにのせたあと、両頬からのばします。中指と薬指の腹を使って内側から外側へ、下から上へのばします。

2 鼻をのばす

まだ手に少しだけ化粧下地が残っている段階で、鼻に薄くのばします。皮脂でメイクが崩れやすい小鼻は、中指の腹でていねいに塗ります。

POINT 鼻は薄く塗る。

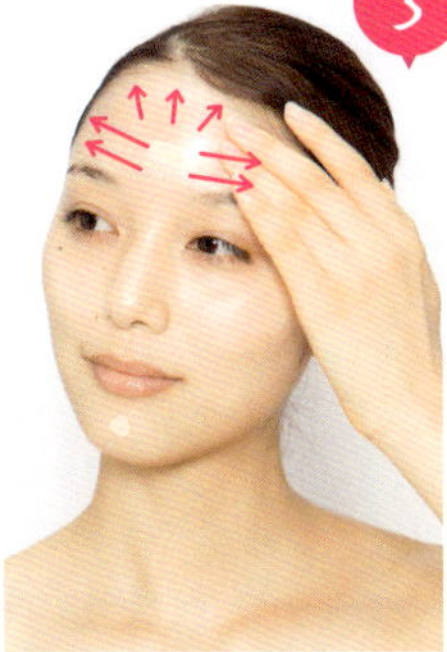

3 額部分をのばす

額にのせた化粧下地を、中指と薬指の腹を使って内側から外側へ、下から上へのばします。

4 あご部分をのばす

あごにのせた化粧下地を、中指と薬指の腹を使って内側から外側へ、下から上へのばします。

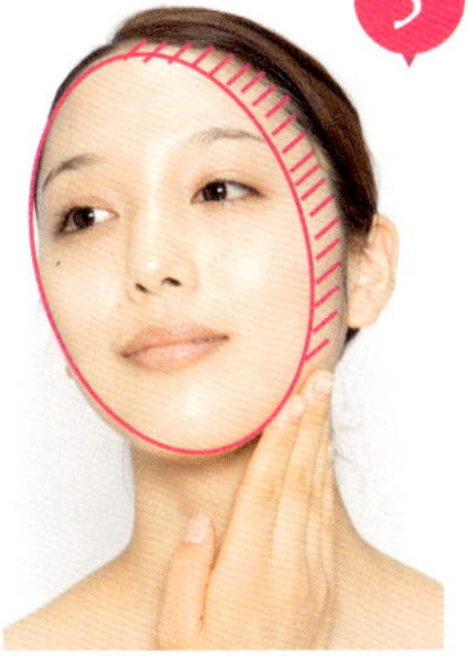

5 フェイスラインをのばす

フェイスラインを、親指を除く4本の指の腹で内側から外側に向けてさすり、化粧下地を薄くぼかします。

POINT フェイスライン2cmは厚塗り禁止。

6 目もとをのばす

薬指の腹を使って、目の下とまぶたを、目尻側から目頭側へ向かってさすり、化粧下地を薄くぼかします。

コントロールカラー

「くすみ」「赤み」「青み」の気になる部分にのみ塗って補正する

肌の色が均一になると、肌そのものが、とてもキレイに見えます。コントロールカラーは、肌の色みを補正することを目的としたアイテムです。くすみ、赤み、青みといった気になる肌トラブルに塗ることで、肌の色を均一にします。

　コントロールカラーを上手に使うポイントは、色選びと使い方にあります。色選びは、下の表を参考に、自分が気になる肌の色みを補正する特性のある色を選びましょう。使い方で最も重要なのが、肌の色みが気になる部分のみに、薄く塗ることです。顔全体に塗ったり厚めに塗ると、コントロールカラーの色が目立ち、不自然な仕上がりになってしまうので注意しましょう。あくまで必要な部分のみ少量塗り、足りないときは重ね塗りをして仕上げていきます。また、コントロールカラーを肌にのせたあと、指の腹を使って軽く叩き込むようにして塗るとコントロールカラーのテクスチャが固くなり、色みがキレイに出るので、肌の補正がしっかりとできるでしょう。

「コントロールカラーの色と効果」

血色が悪いくすんだ肌に。肌の色を明るくする。

黄ぐすみに。透明感を出す。

血色が悪く、透明感のない肌に。肌の色を明るくし、透明感を出す。

ニキビ痕、薄い色のくまに。赤みを消す。

頬、小鼻の横、目の下のふくらみの赤みに。赤みを消す。

くま、口のまわりの産毛の剃りあとなどの青みに。くすみを消す。

悩み別コントロールカラーの使い方

コントロールカラーを肌にのせたあとに使うのは指。しっかり叩き込みたいときは中指と薬指（狭い場所なら中指のみ）を使います。ただし、赤みがある部分は強く叩くとより赤くなるので、力が入りすぎない薬指で軽く叩き込みます。

くすみ

塗り方

気になる部分に薄くのせたあと中指と薬指の腹で軽く叩き込む。境目を指で少しぼかして仕上げる。

使う色

ピンク

ブルー

パープル

くすみを補正しながら、肌を明るくする効果のあるピンクがおすすめ。黄ぐすみならブルーを。肌の色を明るくして透明感を出したいときはパープルを。

こんなところに

- くすみに
- 血色が悪い部分に
- 透明感のない部分に

赤み

塗り方

気になる部分に薄くのせたあと薬指の腹で軽く叩き込む。強く叩くと逆効果な場合もあるので注意。

使う色

イエロー

グリーン

赤いニキビ痕にはイエロー。頬、小鼻の横、目の下のふくらみの赤みにはグリーンがおすすめ。

こんなところに

- 赤いニキビ痕に
- 小鼻の横の赤みに
- 毛細血管が浮いた部分に

青み

塗り方

気になる部分にのせたあと、中指で叩き込むようにしてなじませる。

使う色

オレンジ

青の補色であるオレンジ色を使うと、青みを補正することができます。

こんなところに

- 目の下の青いくまに
- 口のまわりの産毛による青みなどに

ファンデーション

自分の肌の色のトーンに合う色を選び、厚塗り部分と薄塗り部分に分けて塗る

ファンデーションを美しく仕上げるコツは色選びと塗り方にあります。

色選びは、まず自分の肌のトーンを知ることから始めましょう。人の肌の色は、大きくイエローベースとブルーベースに分けることができます。この2パターンの肌のトーンにはそれぞれ似合う色と似合わない色があります。その色をきちんと知ることで、自分の肌に合うファンデーションの色を見つけることができます。たとえば、ブルーベースの肌にはピンクオークル系が似合いますが、イエローオークル系を使うとファンデーションが浮いたり、くすみやシミが目立つことがあります。詳しくはP18のファンデーションの色選びを参考にしてください。

つぎに、塗り方です。顔全体を同じ厚さで塗ると厚塗りで平面的な顔に見えます。そこで、どんなファンデーションを使うときでも、厚く塗る部分と薄く塗る部分を分けることが大事です。以下のコラムを参考にして部分ごとに塗り方を変えると、立体感のあるイメージに仕上がります。

ファンデーションの塗り分け方

基本的には、中央を厚めに、フェイスライン側を薄めに塗ります。ただし、崩れやすい皮脂が多い部分や、よく動くためによれやすい部分は、薄く塗るようにしましょう。

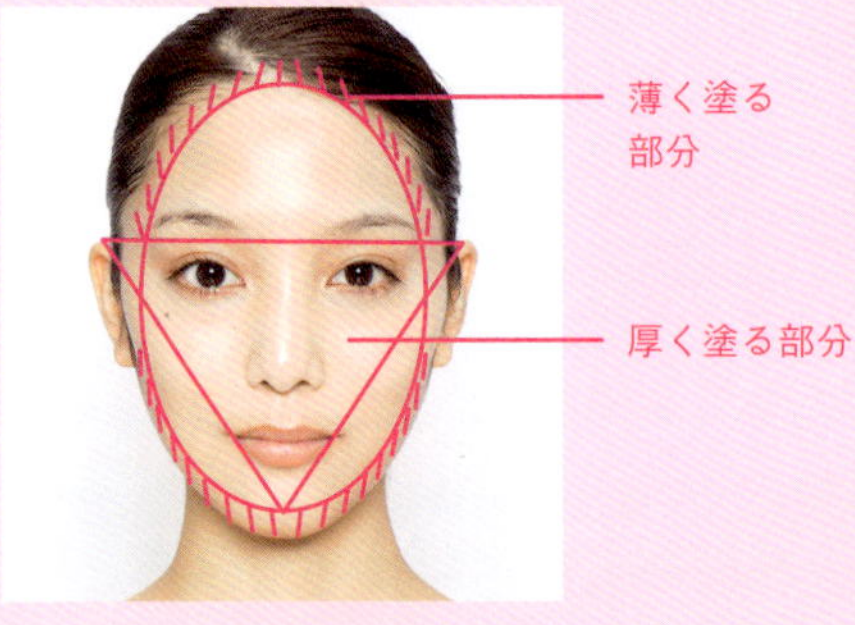

ファンデーションの種類と特徴

代表的なものは以下の４種類です。特徴を理解して使い分けましょう。

リキッドファンデーション P20

普通から乾燥肌にとって使いやすいタイプ。油性成分が液状のファンデーション。クリームファンデーションよりは少し薄づきですが、カバー力はあります。そのため、カバーをしながらも透明感のある肌づくりに向いています。薄く塗れば超ナチュラルメイクのベースに、少し重ねて塗ればしっかりメイクのベースにぴったり。

カバー力 ★★　**仕上がり** ツヤ感のある肌に

マキアージュ トゥルーリキッド モイスチャー UV（資）

クリームファンデーション P20

油性成分がクリーム状のファンデーション。乾燥しやすい肌やしっかりカバーしたいときに向いています。のびがよくてよれにくく、肌に密着して化粧もちのよい肌に仕上げます。ただし、少しでも厚めに塗ると、メイク感が強くなるので、ナチュラルに仕上げたい場合は、できるだけ薄く塗っていくことが大事です。ニキビができやすい肌やオイリー肌には不向きです。

カバー力 ★★★　**仕上がり** ツヤ感のある肌に

綾花 ブライトアップクリーム ファンデーション（ち）

BB クリーム P24

日焼け止め、化粧下地、ファンデーションなどの効果を合わせもつファンデーション。時短メイク（P122）に向いています。製品によりカバー力は差があります。基本は、BB クリームを塗ったあとフェイスパウダーを塗り仕上げますが、パウダーを塗らないで仕上げることもできます。パウダーファンデーションの下地としても使えます。

カバー力 ★〜★★★
仕上がり ツヤ〜ハーフマットな肌に

雪肌精 ホワイト BB クリーム（コ）

パウダーファンデーション P22

粉体原料が主体のファンデーション。マットな肌を演出したいときや比較的低刺激なので、敏感肌の人にも向いています。また、ファンデーションを塗ったあとフェイスパウダーが必要ないため、時短メイク（P122）にも使えます。薄づきタイプでカバー力は少し低めです。

カバー力 ★　**仕上がり** マットな肌に

プリマヴィスタ パウダーファンデーション〈パーフェクトフィット〉（花）

まだあるファンデーションの種類

ファンデーションは日々、新しいものが登場しています。最近注目のものの一部を紹介します。

ミネラルファンデーション

酸化チタン、酸化亜鉛、酸化鉄、マイカなど、天然の鉱物を「ミネラル」（無機質）といいます。このミネラルを使用したファンデーションがミネラルファンデーションです。ミネラルは肌への負担が軽く、肌の敏感な人たちの注目を集めています。

CCクリーム

メーカーによって、「color corrector」「complete correction」などと呼ばれているものです。BBクリームの進化版ともいわれ、BBクリームに比べるとスキンケア効果や肌の色補正効果が高いものが多いようです。これは、BBクリームが日焼け止めとファンデーションを兼ねそなえることがおもな目的なのに対して、ほとんどのCCクリームはスキンケアも肌補正もできることを目的としているためです。

ファンデーションの色の選び方

まずは「肌のトーンチェック」を行い、自分の肌のトーンがイエローベースかブルーベースかを確認します。
そして、自分の肌のトーンに似合う色みの中から、自分の肌に最適な色を選びます。

自分の肌のトーンを知ろう

自分の肌がイエローベースかブルーベースかを正しく把握しないと、メイクの技術があってもキレイに見えません。調べ方は簡単なので、ぜひやってみてください。

左ページにある「肌チェック色見本」をそのまま使うか、カラーコピーで140％（A5からA4サイズに）拡大したものを用意します。素顔の状態で、まずサーモンピンクの色紙を自分の顔に近づけ、鏡で顔を見ながら、右ページの「肌トーンチェック表」の質問に当て

肌トーンチェック表

質問	サーモンピンクのとき	ローズピンクのとき
1　顔色が明るい感じに見える	□	□
2　健康的な感じに見える	□	□
3　生き生きとした感じに見える	□	□
4　美白効果を感じる	□	□
5　口まわりが明るく感じる	□	□
6　唇の色がキレイに見える	□	□
7　くまが目立たない	□	□
8　眉毛が整って見える	□	□
9　シワが目立たない	□	□
10　シミが気にならない	□	□
11　瞳がキラキラして見える	□	□
12　小顔に見える	□	□
13　肌のハリを感じる	□	□
14　血管が目立たない	□	□
15　赤みが目立たない	□	□
16　髪にハリ・ツヤを感じる	□	□
17　白髪が目立たない	□	□
18　染めている部分が目立たない	□	□
19　若々しく見える	□	□
20　エレガントに見える	□	□
21　色が悪目立ちしない	□	□
22　馴染んで見える	□	□
23　5歳若く見える	□	□

はまる場合にレ（チェック）をつけます。つぎに、色紙をローズピンクに変えて、同じようにチェックをつけます。サーモンピンクのときとローズピンクのときのチェックの数を比べてみてください。サーモンピンクの色紙を顔に近づけたときのほうが数が多い人は、イエローベース。ローズピンクの色紙を顔に近づけたときのほうが多い人は、ブルーベースです。

自分の肌のトーンがわかったら、左にある「肌のトーン別ファンデーションの色見本」を参考に、自分の肌に合いそうな色のファンデーションを選んでみましょう。実際に選ぶときは、顔に塗って、首の色との差が目立たないようなら、その色が自分の肌にとって合う色となります。なお、肌のトーンは体調が悪いとわかりにくいので、体調がよいときに調べるのをおすすめします。また、通常は一生を通じて人の肌のトーンは変わりません。

色紙を顔に近づけて、鏡で顔を見ながら、チェック表に答えます。

肌のトーン別ファンデーションの色見本

イエローベースに合う色

やや黄みが強い色がおすすめです。

オークル　イエローオークル

ブルーベースに合う色

やや赤みが強い色がおすすめです。

ピンクオークル　ピンクベージュ

＊色の名前はメーカーによって変わってきます。また色名は本書内での色分けの便宜上のもので、一般的に使われる実際の色とは発色や呼び方が異なる場合もあります。

肌チェック色見本

＊以下をカラーコピーして、右ページの「肌のトーンチェック」に利用してください。

ローズピンク

サーモンピンク

クリームファンデーションとリキッドファンデーションの塗り方

クリームまたはリキッドファンデーションを塗るときは、立体感のある自然な仕上がりにするために、P16でも解説したように厚塗りと薄塗りの部分を意識してつくることが大事です。そのためには、厚くしたい部分は、空気を含ませるように指の腹でトントンと軽く叩き込みます。このようにして塗ると、ファンデーションのテクスチャが固くなり、肌に密着するので、肌をしっかりカバーすることができます。そして、薄くしたい部分は、内側から外側へ指を滑らせながらのばして、自然なグラデーションをつくります。

使用する道具／
クリームファンデーションまたはリキッドファンデーション

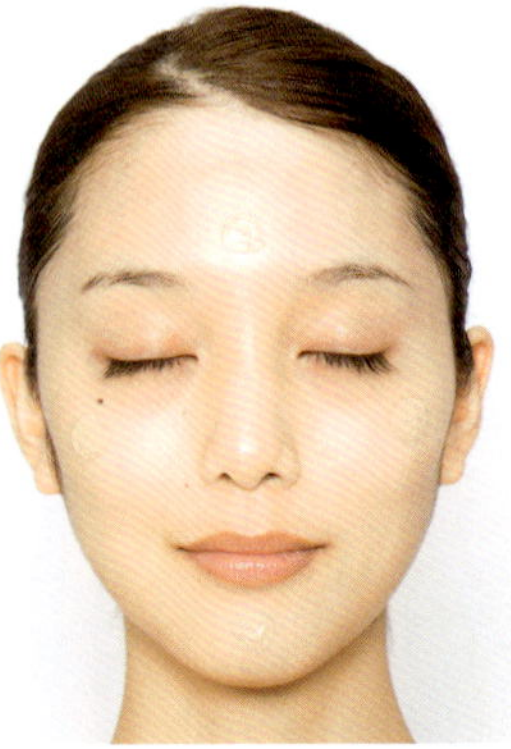

1

顔の4か所にのせる

ファンデーションを額、両頬、あごに、少量ずつのせます。

量の目安：
パール粒２個分

2

頬の中央部分にのばす

頬にのせたファンデーションを、中指と薬指の腹を使ってトントンと軽く叩くようにして、中央部分にのばしていきます。

POINT
両頬は厚く塗る。

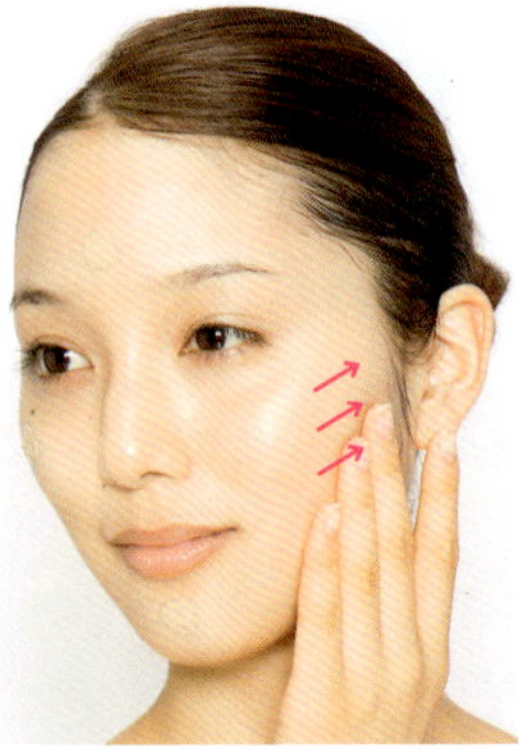

3

頬の外側に向けてのばす

頬の中央部分から外側に向けて中指と薬指の腹を滑らせながらのばしていきます。

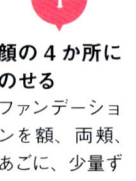

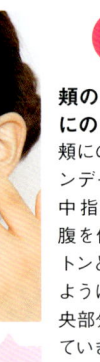

クリームまたはリキッドファンデーションの塗り方のポイント

使用する指を正しく使い、厚塗りと薄塗りを意識します。

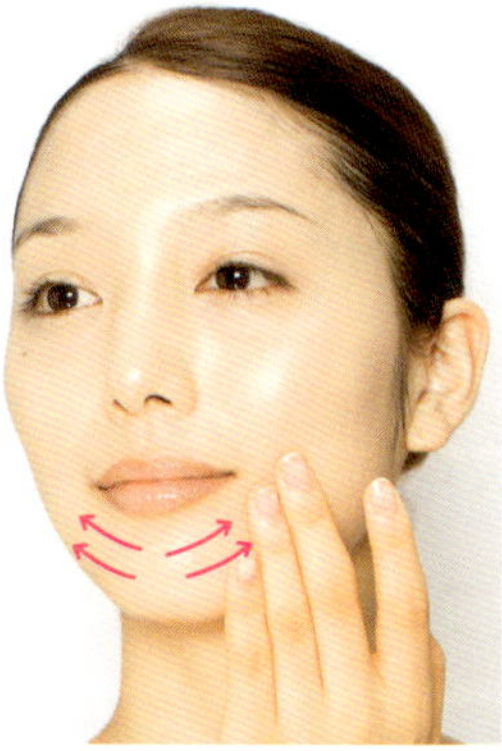

4 あごから口のまわりまでのばす

あごにのせたファンデーションを、中指と薬指の腹を使ってあごから左右の口のまわりにのばします。

5 目のまわりにのばす

まだ薬指に少しファンデーションが残っている段階で目のまわりへ移動。目尻側から目頭側へ、トントンと軽く叩くようにしてのばします。

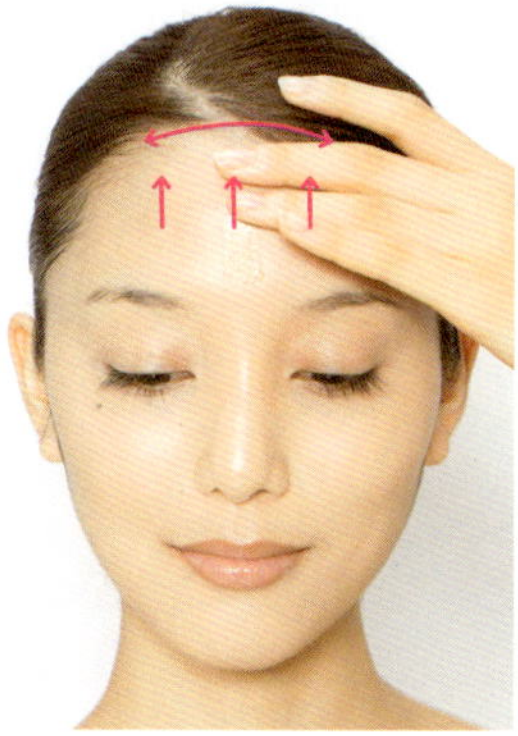

6 額にのばす

額にのせたファンデーションを、中指と薬指の腹を滑らせながら下から上へのばし、生え際は左右へのばしていきます。

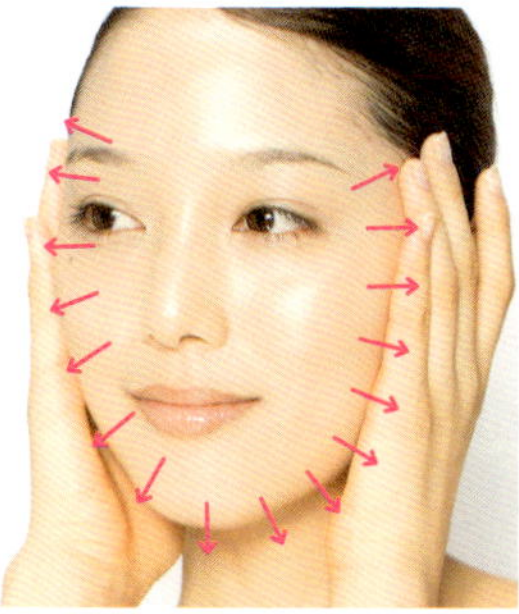

7 フェイスラインにのばす

フェイスラインは、手のひら全体で顔を包み込むようにしながら、内側から外側へ向けてファンデーションをのばしていきます。

POINT
フェイスラインは薄く塗る。

8 仕上がり

最後に、ムラや塗り残しがないかをチェック。ツヤと立体感のある肌に仕上がります。

化粧崩れ防止にフェイスパウダーを

クリームまたはリキッドファンデーションの仕上げにフェイスパウダーを塗りましょう。これは化粧崩れの予防とマットな肌に仕上げることが目的です。ツヤを残したいときは、フェイスパウダーを塗らずに仕上げるか、テカリが目立つTゾーンと崩れやすい目もとのみフェイスパウダーを塗って仕上げましょう。

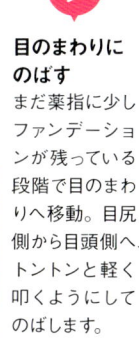

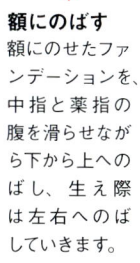

パウダーファンデーションの塗り方

パウダーファンデーションを使って自然な肌に仕上げるためにもっとも大事なことは「適量を塗る」ことです。これができていないとファンデーションが浮いたり、粉っぽい仕上がりになるといった失敗につながります。そこで、ファンデーションを塗るときは、まずスポンジの半分に取り、これで顔半分を塗ります。途中で付け足さずに一気に塗っていきます。つぎに、もう一度スポンジの半分にファンデーションを取り、残りの顔半分を塗ります。これが顔全体に塗る適量の基本です。塗ったあとで気になる部分があったり、メイク崩れを直す場合は、その部分にのみ重ねづけをして仕上げます。

使用する道具／
パウダーファンデーション、スポンジ

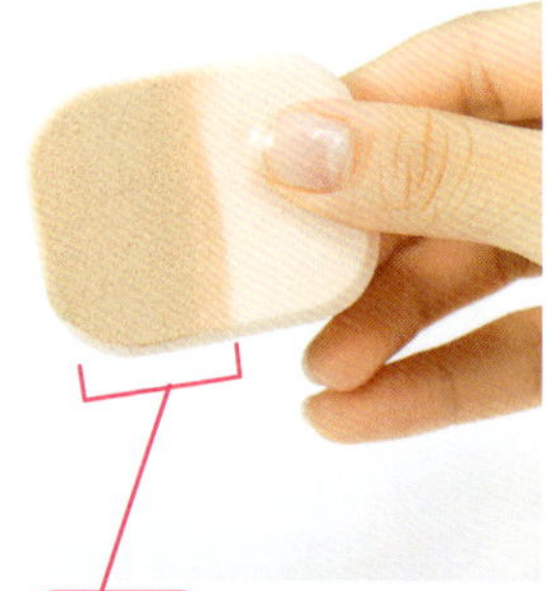

POINT
スポンジ半分の量が顔半分。

1

スポンジの半分の量を取る

スポンジの半分にファンデーションを取り、その表面を親指でひとなでして均等にします。まずは顔の半分を塗っていきます。

POINT
頬は往復させてツヤを出す。

2

頬と額にのばす

スポンジを軽くすべらせるようにして、頬は内側から外側へ、外側から内側へ塗り、額は中央から外側へ向けてらせんを描くように塗ります。

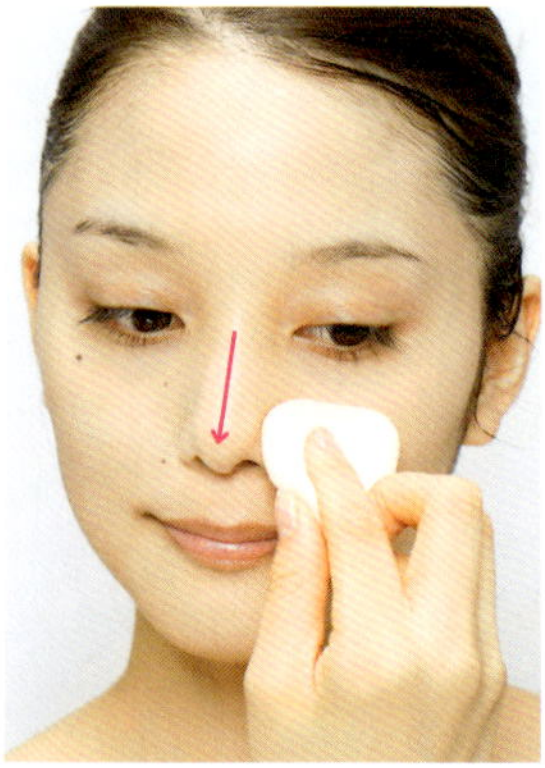

3

鼻、鼻の先、小鼻にのばす

鼻筋に沿って上から下へ塗ったあと、鼻の先を塗ります。スポンジをふたつに軽く折り、スポンジの角で小鼻の皮脂を抑えます。

パウダーファンデーションの塗り方のポイント

細かい部分の塗り残しに気をつけながら、半顔ずつ塗っていきます。

4

鼻の下からほうれい線へのばす

中央から外側へ向けて、ほうれい線と垂直になるように塗っていきます。

5

目のまわりにのばす

目のまわりを目尻側から目頭側に向けて塗っていきます。塗りにくい場合は、スポンジをふたつに折り、スポンジの角を使って塗ります。

6

顔の反対側を塗る

❶と同様にファンデーションをスポンジの半分に取り、まだ塗っていない顔の半分をプロセス❷から❺の手順で塗っていきます。

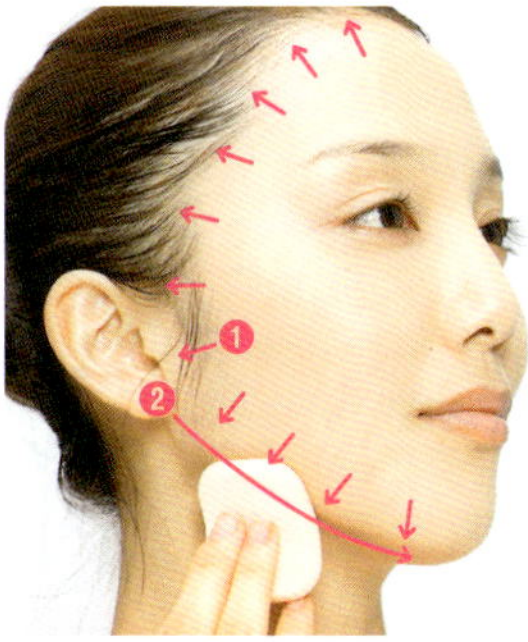

7

左右のフェイスラインにのばす

スポンジに残ったファンデーションを使い、フェイスラインを内側から外側へのばしたあと、耳下からあご先へのばします。

POINT
フェイスラインは薄く塗る。

8

仕上がり

最後に、ムラや塗り残しがないかをチェック。マットでなめらかな肌の仕上がりになります。

毛穴の開きが気になる部分は？

ファンデーションをスポンジに少量取り、毛穴を埋めるように、下から上へ向かってすべらせると、毛穴の開きが気にならなくなります。

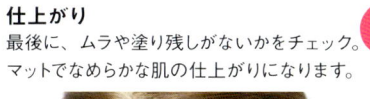

BBクリームの塗り方

BBクリームは洗顔後、スキンケアをしたあとの肌に塗っていきます。保湿クリームを塗るときのように両手に取り、円を描きながら塗っていくだけで仕上がるという手軽さが利点ですが、上手に仕上げるために大事にしたいのが、温度と速度です。BBクリームは固いとのびが悪いため、使う前に必ず両手で温めてやわらかくしましょう。そして塗るときは、「手早く」が大事。ゆっくりと肌にのばすと時間とともにBBクリームが肌に密着してきてしまい、ムラになることがあります。ほかのファンデーション同様、顔の中央は厚めに、外側は薄めに塗ることを意識しながら、素早く塗って、仕上げていきましょう。

使用する道具／
BB クリーム

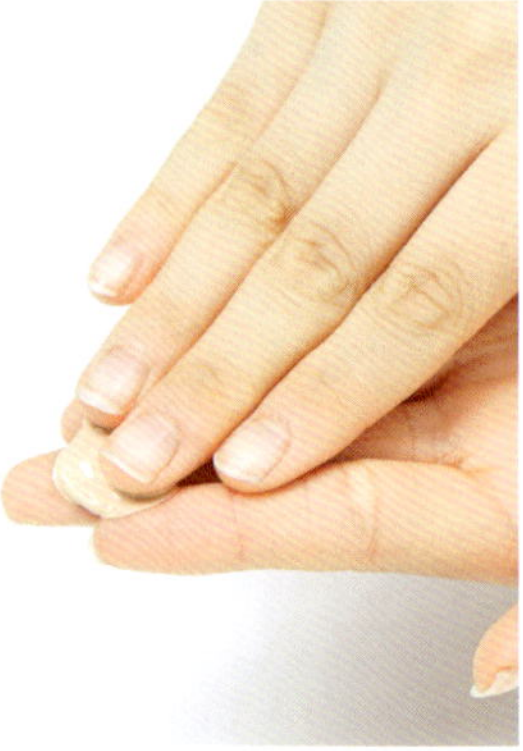

1

親指以外の指の腹に取る

BB クリームを親指以外の4指の腹に取り、両手で温めてなじませます。

量の目安：パール粒２個分

2

頬、額、目のまわりにのばす

両手の４本の指の腹で頬を包みます。そこから目のまわりに大きく円を描くようにすべらせていきます。

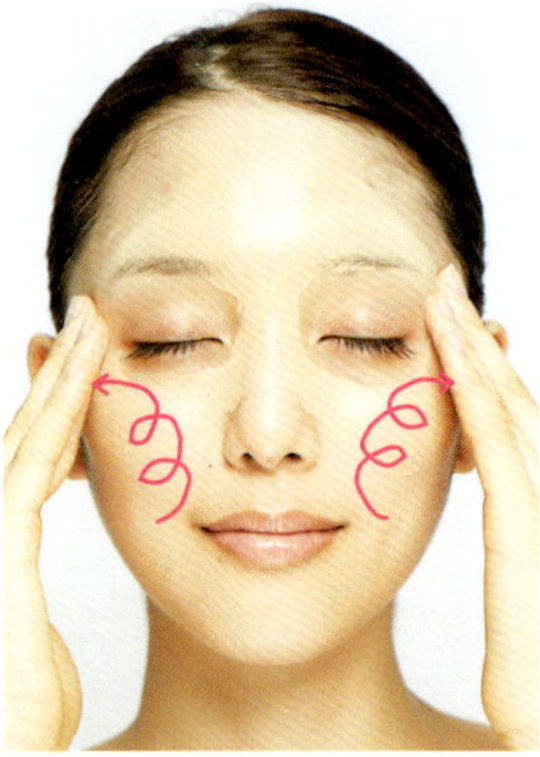

3

頬にのばす

らせんを描くようにして頬に塗ります。

BB クリームの塗り方のポイント

厚塗り部分を先に塗り、薄塗り部分は仕上げにごく薄く塗ります。

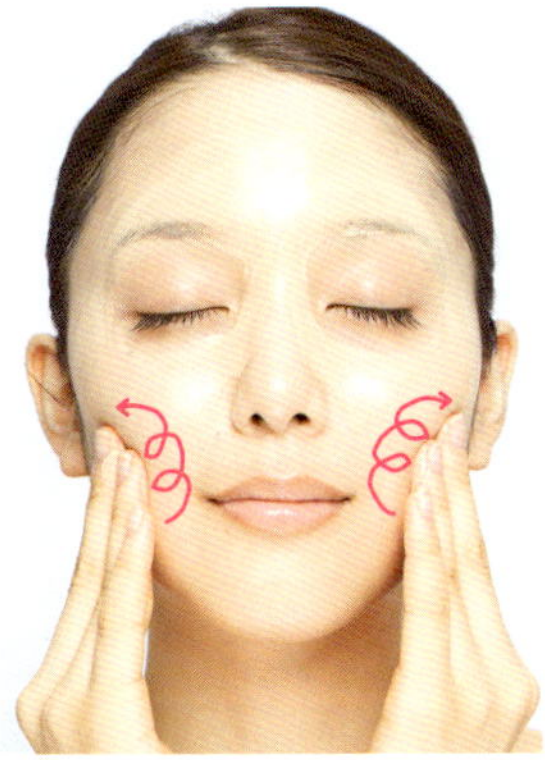

4

頬の中央部にのばす
口角からフェイスラインに向かって、らせんを描くようにして塗ります。

5

あごから頬に向けてのばす
あごから頬に向かって、らせんを描くようにして塗ります。

6

薄づきさせたい部分にのばす
手に残ったクリームを使って、フェイスライン、Tゾーン、目のまわり、口のまわりを薄く塗ります。塗れているかどうかと思うほどの薄づきでOK。

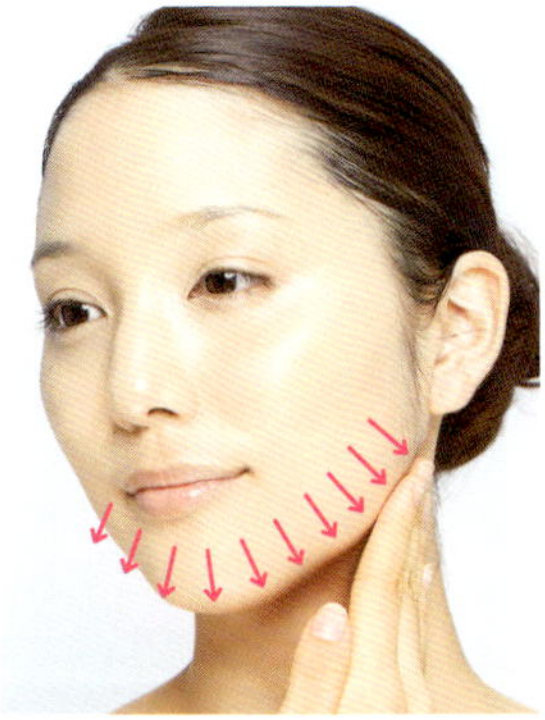

7

首との境目をなじませる
フェイスラインと首の間を手のひらでさすり、首との境目をなじませます。

8

仕上がり
最後に、ムラや塗り残しがないかをチェック。ツヤ〜ハーフマットな肌に仕上がります。

BB クリームのあとには何を塗る？

BB クリームだけでもベースメイクを仕上げることはできますが、化粧崩れを防ぐためにも、仕上げにフェイスパウダーを塗っておくことをおすすめします。また、カバー力を上げたいときは、BB クリームのあとにパウダーファンデーションを塗る方法もあります。

コンシーラー

気になるシミ、シワ、毛穴、くまはコンシーラーを叩き込んでカバーする

コンシーラーは、ファンデーションでは隠しきれない悩みをカバーするものです。くすみ、赤み、青みといった色の補正についてはコントロールカラーが役立ちますが、シミ、シワ、毛穴、くまなどを目立たせないためのカバーに役立つのがコンシーラーです。

取り入れる順番は、使うファンデーションの種類によって変わります。クリームまたはリキッドファンデーション、BBクリームのように油性原料が多いタイプのものを使う場合はファンデーションのあとに、パウダーファンデーションのように粉体原料が多いものを使う場合はファンデーションの前に塗ります。

塗るときは、悩みがある部分のみのせ、肌に密着させるためにブラシの毛先で軽くこすったり、指で軽く叩き込んで空気を含ませ、まわりの肌となじみ始めたら、そこで止めます。なじませすぎると、カバーした部分が見えてきてしまうので注意しましょう。コンシーラーの選び方はP27～35を参考に、隠したい悩みに合わせて使い分けます。

コンシーラーの種類

固いものからやわらかいもの、筆ペンやパレットタイプなど、いろいろな質感や形状のコンシーラーがあります。悩みに合わせて選びましょう。

リキッドタイプ（ペンタイプ）固さ ★～★★
トワニー エスティチュード スムースアップ コンシーラー（カ）

クリームタイプ　固さ ★★★
カレディナーレ カラーマッチコンシーラー（井）

パウダータイプ　固さ ★～★★
ミネラルパウダーコンシーラー（Mi）

スティックタイプ　固さ ★★★★
ヴィセ リシェ パーフェクトコンシーラー（コ）

悩み別コンシーラーの使い方

ニキビ・赤み

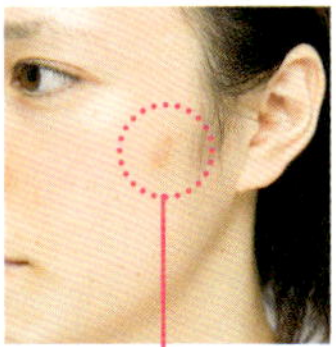
ニキビがいくつか集まっていて、シミのような赤み

赤みが見えなくなるまでブラシで薄く重ねてカバーを

ニキビ、ニキビ痕、毛細血管が浮いて見える部分など、赤みが気になる部分には、一緒に使うファンデーションの色よりも黄みがかったコンシーラーを使います。

テクスチャはしっかりと肌にのる固めのタイプがおすすめです。とくに凹凸があるニキビの場合は、クリームタイプを選び、赤みが消えるまで薄く重ねます。

そして、ニキビを悪化させないためにも、必要がなくなったら早めに洗い流して清潔にしましょう。

ニキビ・赤みのカバー法

使う道具／クリームタイプのコンシーラー、コンシーラーブラシ、フェイスパウダー

❶コンシーラーをブラシに取る

コンシーラーをブラシに少し取り、手の甲でブラシを左右に動かして、余分な分は手の甲に落とします。

❷ブラシの毛先で塗る

気になる部分に対してブラシの毛先を垂直に当て、左右に軽く動かしてコンシーラーをのせます。カバーしきれない場合は、さらにコンシーラーを重ね、赤みが消えたら終了。

❸フェイスパウダーをのせる

フェイスパウダーをパフに取り、肌を押さえるようにしてのせ、コンシーラーを定着させます。

完成

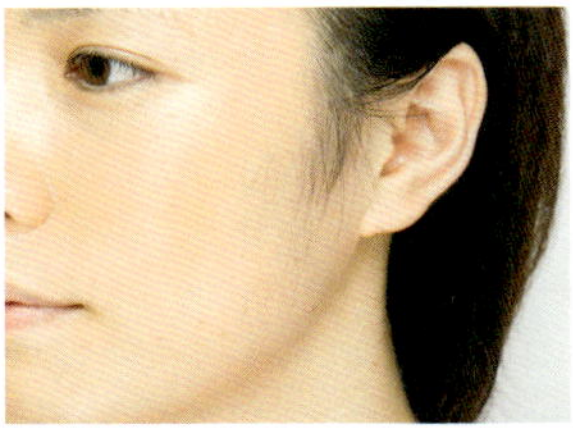

毛穴

毛の生え方と逆方向から、毛穴を埋めるようにしてカバーを

コンシーラーを使って毛穴を目立たせないようにするためには、毛が生えている方向と逆の方向へ塗っていくテクニックが効果的です。つまり、下から上へ、毛穴を埋めるように塗っていきます。使うコンシーラーは、使用するファンデーションと同じ色で、カバー力のある少し固めのスティックタイプがおすすめです。また、仕上げのフェイスパウダーを粒子の粗いものにすると、毛穴をカバーする効果がプラスされ、肌がキレイに見えます。

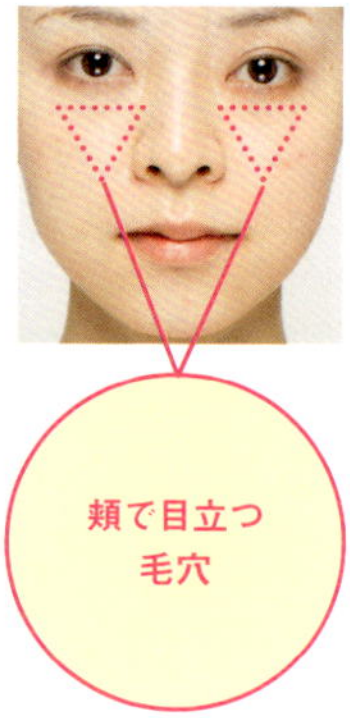

毛穴のカバー法

使用する道具／スティックタイプのコンシーラー、コンシーラーブラシ、フェイスパウダー

❶コンシーラーをブラシに取る
コンシーラーをブラシに少し取り、手の甲でブラシを左右に動かして、余分な分は手の甲で落とします。

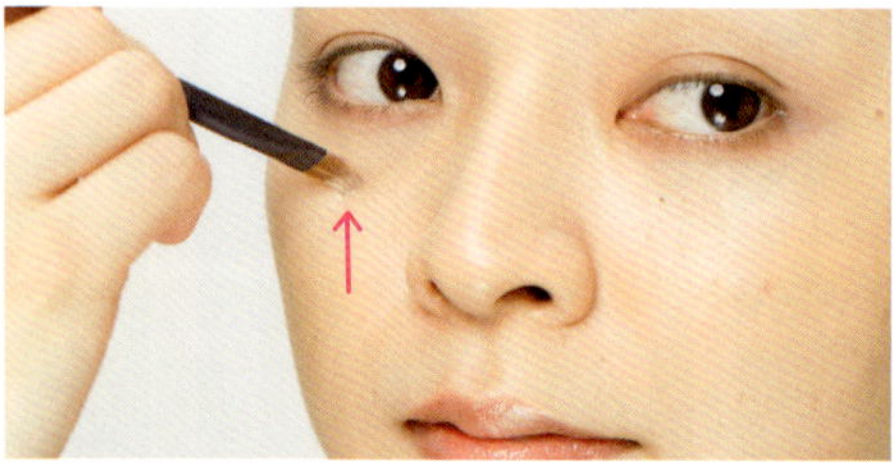

❷ブラシの毛先で塗る
気になる部分に対してブラシの毛先を垂直に当て、下から上へ軽く動かしてコンシーラーをのせます。カバーしきれない場合はさらにコンシーラーを重ねます。

❸スポンジで軽く叩く
コンシーラーを塗った部分を、なにもついていないスポンジで軽く５回くらい叩きます。こうすると、余分な油分がスポンジに吸い取られて、コンシーラーが肌により密着します。

❹フェイスパウダーをのせる
フェイスパウダーをパフに取り、コンシーラーを塗った部分の肌を押さえるようにしてのせます。

完成

プラスしたい「毛穴レステクニック」

目立つ毛穴をカバーするためにコンシーラーは有効ですが、さらにスキンケアやほかのメイクテクニックも使うことで、より毛穴が目立たない肌に仕上がります。ぜひ取り入れてください。

スキンケア　オイリー毛穴には保湿対策、たるみ毛穴にはコラーゲン対策を

目立つ毛穴には、大きく分けてオイリー毛穴とたるみ毛穴があります。肌がカサつくのに目立つ毛穴は、たるみ毛穴の可能性があります。たるみ毛穴は、コラーゲンの減少による毛穴のゆるみが原因で起こります。縦型の毛穴で頬などによく見られ、加齢により目立ってくるのが特徴で、コラーゲンを増やす作用のあるレチノール配合の化粧品の使用や保湿が予防となります。

一方、皮脂分泌の過剰が原因で現れるオイリー毛穴は、Tゾーンによく見られます。この毛穴の場合も、まず取り入れたいのが積極的な保湿のお手入れです。肌は乾燥すると、肌を守るために皮脂の分泌が盛んになります。化粧水のほかに保湿成分を含む乳液または美容液を使いましょう。

どちらの場合も、肌にハリが出ると、毛穴が目立ちにくくなります。

毛穴対策に保湿は重要。今のお手入れに保湿効果の高い乳液や美容液をプラスしましょう。

メイク　肌の凹凸をしっかりカバーする化粧下地を使う

毛穴が気になる人ほど、こだわりたいのが化粧下地です。化粧下地は肌の凹凸をなめらかに整える効果があるので、秀逸なものを選べば、毛穴をしっかりカバーすることができます。前述のオイリー毛穴の場合は皮脂を吸着しながら毛穴をカバーするタイプ、たるみ毛穴の場合は毛穴のカバー力と保湿効果のあるタイプがおすすめです。塗るときは、コンシーラー同様、下から上へ、毛の生え方と反対の方向へ指をすべらせて塗ると、毛穴のカバー力がアップします。

毛穴をカバーする化粧下地

シルキーカバーオイルブロック(ア)

メイク　フェイスパウダーは粒子の少し粗いタイプを選ぶ

クリームやリキッドファンデーションのあとにフェイスパウダーを塗る場合は、粒子の少し粗いタイプを選ぶと、肌の凹凸がカバーでき、均一に見せてくれる効果があります。塗るときはコンシーラーと同様に下から上へパフをすべらせると、パウダーを毛穴に密着させることができます。

シミ

大きなシミは手で軽く叩き込み、小さなシミはブラシで薄く重ねる

シミの場合、シミがある部分や大きさによって最適なコンシーラーの種類やカバー法が変わります。目や口のように顔の筋肉がよく動く部分の近くにあるシミにはやわらかめのタイプ、そのほかのシミには固めのタイプがおすすめです。色は使用するファンデーションと同じ色にすると自然にカバーできます。塗り方は、大きなシミの場合は指で塗り、叩き込みます。小さなシミは範囲が狭いのでブラシを左右に細かく動かして塗ります。

大きなシミ

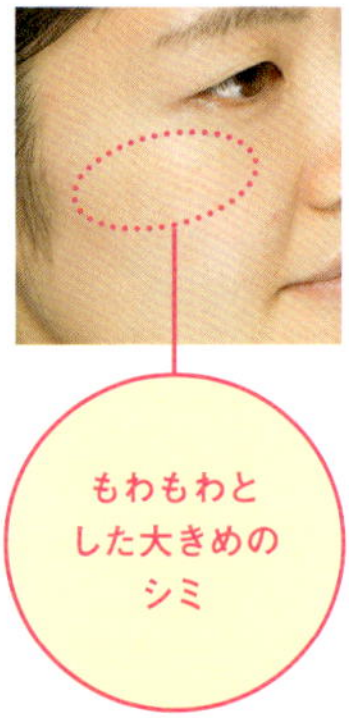

小さなシミ

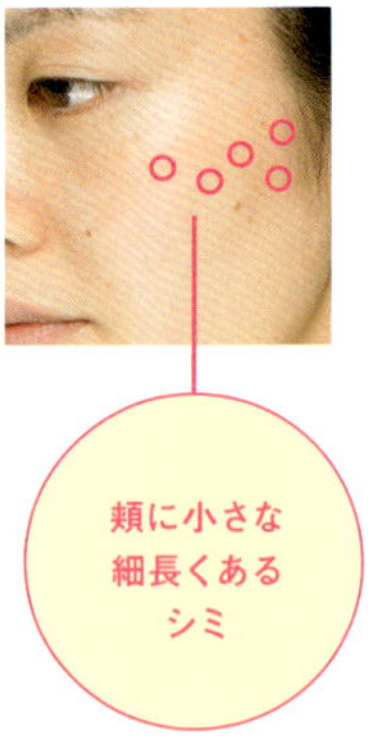

大きなシミのカバー法

使用する道具／スティックタイプのコンシーラー、フェイスパウダー

POINT
手の甲でなじませて薄く取る。

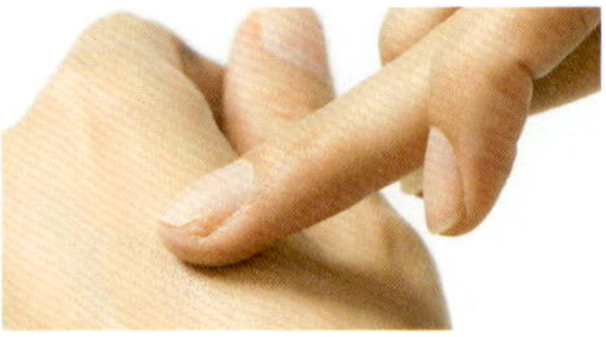

❶コンシーラーを指に取る
コンシーラーを指先に取り、手の甲でなじませて、量を調整します。シミが頬にあるときは固め、目や口もとにあるときはやわらかめを使います。

POINT
なじませるとカバー力が落ちるので注意を！

❷シミの部分に軽く叩き込む
コンシーラーを取った指先で、シミのある部分を軽く叩くようにしてコンシーラーをのせていきます。一度でシミがカバーできない場合は、さらにコンシーラーを重ねていきます。

❸フェイスパウダーをのせる
最後に、フェイスパウダーをパフに取り、コンシーラーを塗った部分の肌を押さえるようにしてのせます。

完成

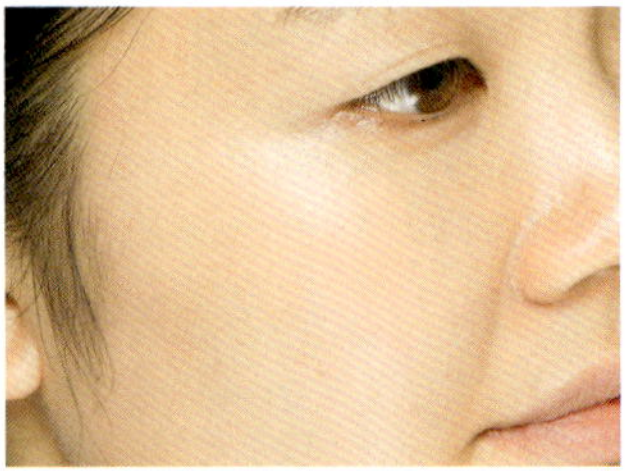

そのほかのシミの対処法

そばかすのカバー法は？

雀卵斑《じゃくらんはん》と呼ばれ、扁平な褐色斑で、目の下から頬骨あたりに多発するそばかす。広範囲に広がるため、カバーするためにコンシーラーを使うと、どうしても厚塗り感が出てしまい、不自然な仕上がりになるうえ、化粧崩れしやすくなります。そこで、そばかすの場合は、コンシーラーは使わず、ファンデーションを重ね塗りし、中指と薬指の腹で軽く叩き込んで密着させます。または、ファンデーションを、今使っている色よりも一段暗くして顔全体を塗り、さらにそばかす部分は重ね塗りをすると、カバー力がアップします。

ほくろのカバー法は？

少し固めのクリームタイプのコンシーラーをブラシに取り、手の甲でなじませて余分な分を落としたあと、ほくろの部分だけにのせます。ブラシの毛先で小さな円を描くようにしてのせましょう。立体的なほくろの場合は、ほくろの側面にも塗ります。一度塗ったら、指でなじませずに、すぐにフェイスパウダーを塗り、コンシーラーを定着させます。ほくろは、濃さや大きさなどによっては、カバーしきれないケースが多々あるので、どこまでメイクでカバーするか決めましょう。

小さなシミのカバー法

使用する道具／スティックタイプのコンシーラー、コンシーラーブラシ、フェイスパウダー

❶コンシーラーをブラシに取る

コンシーラーをブラシに取り、手の甲でなじませて、余分な分は手の甲に落とします。

❷ブラシの毛先で塗る

シミがある部分に対してブラシの毛先を垂直に当て、左右に軽く動かしてコンシーラーをのせます。カバーできるまで、さらにコンシーラーを重ねます。

POINT

叩きすぎるとカバー力が落ちるので注意！

❸スポンジで軽く叩く

コンシーラーを塗った部分を、なにもついていないスポンジで軽く５回くらい叩きます。こうすると、余分な油分を吸収し、肌により密着します。最後にフェイスパウダーで肌を押さえます。

完成

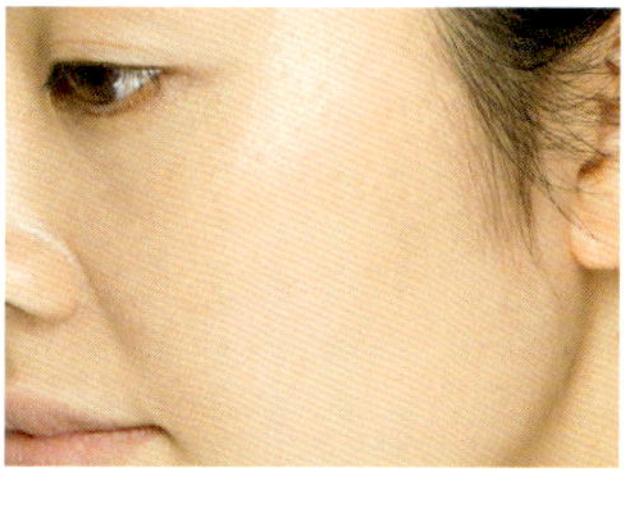

シワ

シワの種類に合わせて コンシーラーを塗る方向を変える

シワができるのは顔の中でもよく筋肉が動く部分です。そのため、皮膚の動きについていける、やわらかめのコンシーラーを選びます。

塗り方は、目の下の小ジワの場合は、シワの流れと逆の方向（目尻から目頭）に向けて塗り、埋め込みます。目尻の小ジワとほうれい線の場合は、シワに対して垂直に塗り、埋め込みながら、輪郭はぼかします。また、ほうれい線はハイライト効果で目立たなくさせるのもポイントです。

目の下の小ジワ

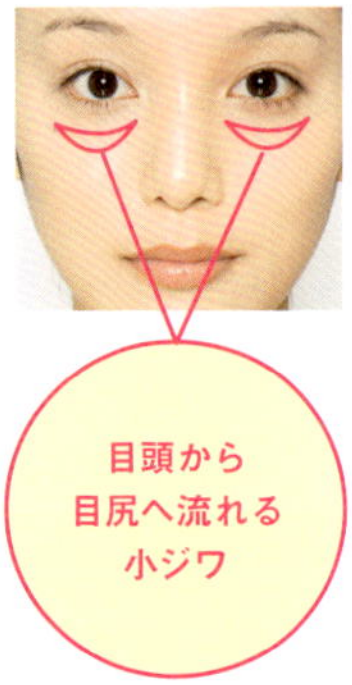

目尻のシワ

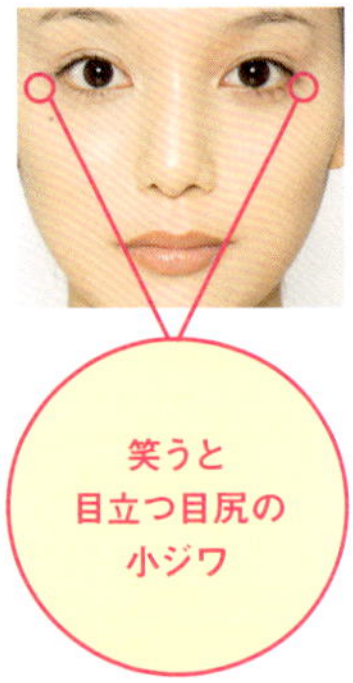

ほうれい線

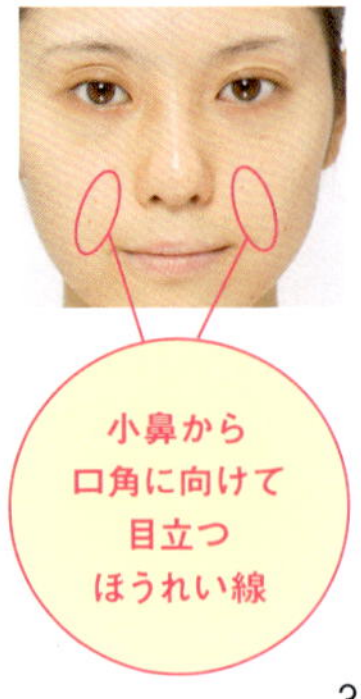

目の下の小ジワのカバー法

使用する道具／クリームタイプのコンシーラー、コンシーラーブラシ、フェイスパウダー

POINT
手の甲でなじませて薄く取る。

❶コンシーラーをブラシに取る

コンシーラーをブラシに取り、手の甲でなじませて、量を調整します。目もとが乾燥しているときは、コンシーラーにアイクリームを混ぜるのもおすすめ。

❷目尻から目頭へ向けてシワに塗る

シワは目頭から目尻へ向けて流れているので、それに逆らうように、目尻から目頭へ向けてコンシーラーをシワに塗っていきます。

POINT
加減がほどよい薬指を使います。

❸指で軽く叩き込む

シワを埋めるつもりで、薬指の腹でコンシーラーを軽く叩き込みます。

❹フェイスパウダーをのせる

適量のフェイスパウダーをパフに取り、目尻から目頭へ向けて、コンシーラーを塗った部分の肌を軽く押さえるようにしながらのせます。

ほうれい線のカバー法

使用する道具／チップタイプのコンシーラー、フェイスパウダー、パフ

POINT
シワに対して垂直にのせる。

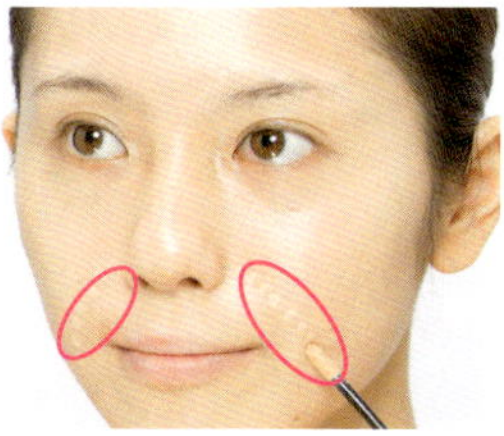

❶シワに対して垂直に塗る
一緒に使うファンデーションの色よりも少し明るめの色のコンシーラーを使います。ほうれい線に対して垂直にコンシーラーをのせます。

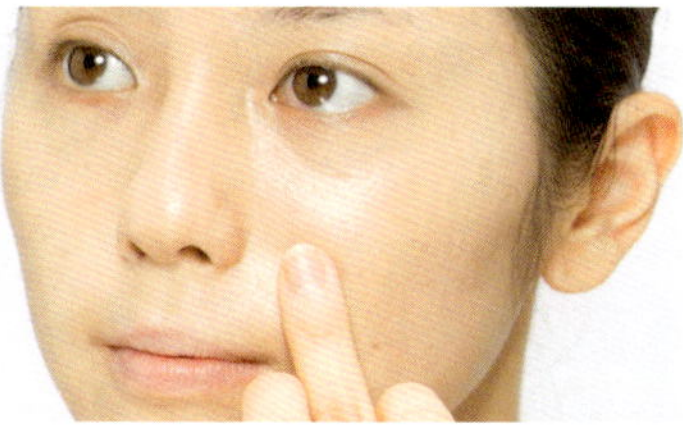

❷指で軽く叩き込む
ほうれい線に対してコンシーラーを垂直に入れ込むイメージで、中指または薬指の腹で軽く叩き込みます。

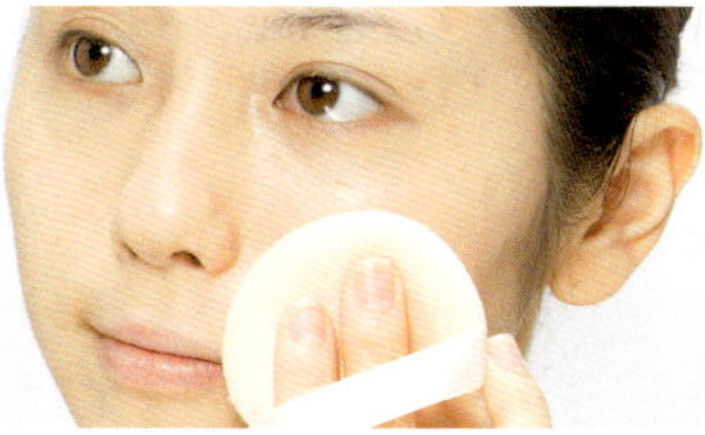

❸フェイスパウダーをのせる
フェイスパウダーをパフに取り、コンシーラーを塗った部分の肌を押さえるようにしてのせます。

完成

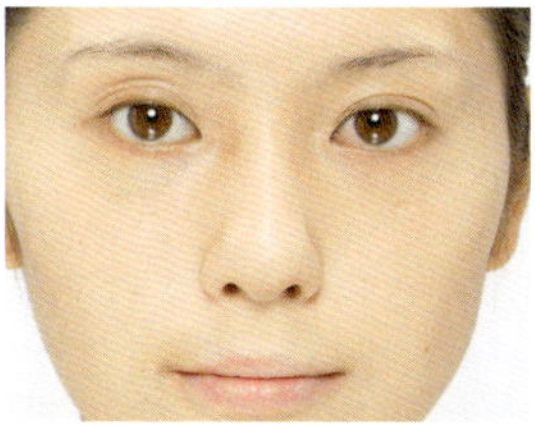

目尻の小ジワのカバー法

使用する道具／クリームタイプのコンシーラー、フェイスパウダー、パフ

POINT
シワに対して垂直にのせる。

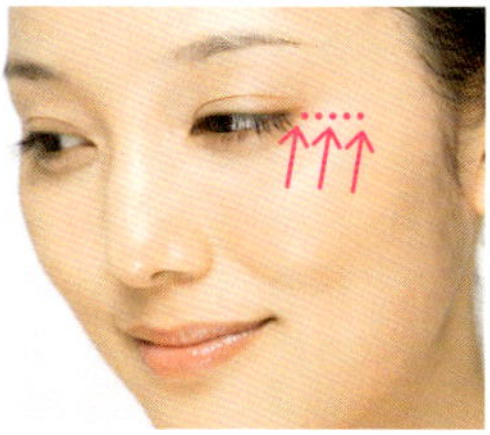

❶シワに対して垂直に塗る
使用するファンデーションの色よりも少し明るめの色のコンシーラーを使い、シワに対して垂直にのせます。

❷指で軽く叩き込む
シワを埋めるつもりで、中指または薬指の腹で軽く叩き込みます。

❸フェイスパウダーをのせる
フェイスパウダーをパフに取り、コンシーラーを塗った部分の肌を押さえるようにのせます。

くま

肌の色よりもオレンジ寄りの色をくまのある部分にのみ塗る

くまは、大きくわけて3種類あります。血行が悪くて青く見えるくま（青ぐま）、シミが重なるようにしてできるくま（茶ぐま）、むくみやたるみにより表れるくま（黒ぐま）です。青ぐまはコントロールカラーで補正を。茶ぐまは、自分の肌の色よりも少しオレンジ寄りの、少し固めのスティックタイプでカバーします。黒ぐまは左ページのたるみを参考に。塗るときは、くまから外れないように塗ります。くま以外の部分にまで塗ると色むらになるので注意を。

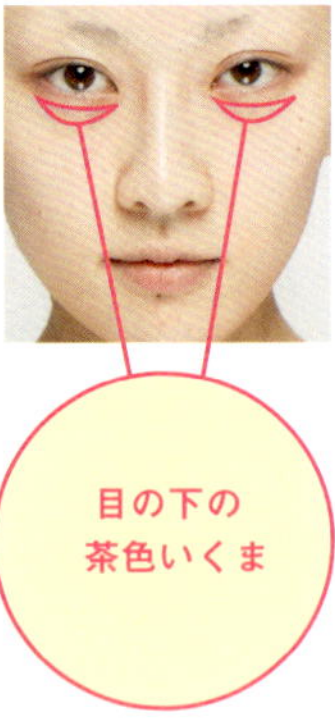

目の下の茶色いくま

目の下のくまのカバー法

使用する道具／スティックタイプのコンシーラー、コンシーラーブラシ、フェイスパウダー

POINT
厚めに塗るため、固めのスティックタイプを使用。

❶コンシーラーをブラシに取る
コンシーラーをブラシに少し取ります。手の甲でブラシを左右に動かして、余分な分は手の甲で落とします。

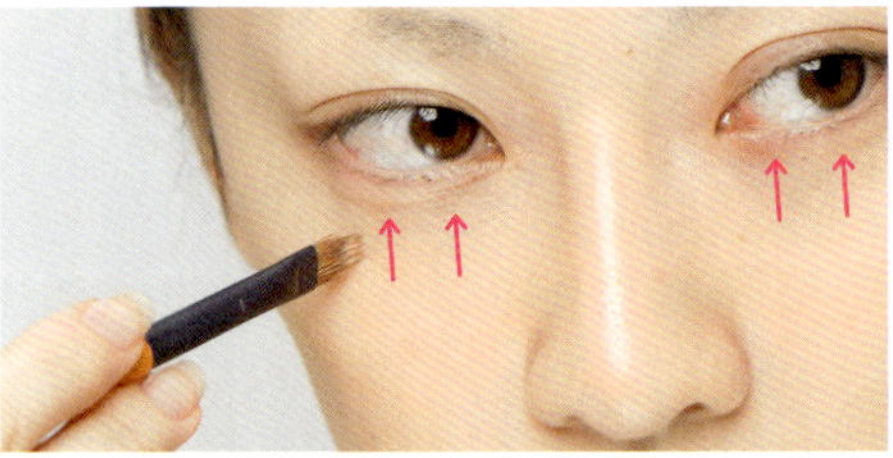

❷ブラシの毛先で塗る
くまがある部分に対してブラシの毛先を垂直に当て、下から上へ軽く動かしてコンシーラーをのせます。カバーしきれない場合は、さらにコンシーラーを重ねます。

❸指で軽く叩く
コンシーラーを塗った部分の輪郭を薬指で軽く押さえて、なじませたあと、最後にフェイスパウダーでさらに肌を押さえます。

完成

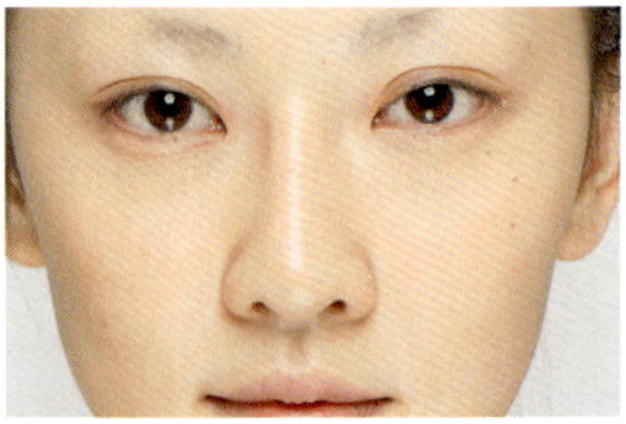

たるみ

たるんで影になった部分を少し明るめの色でカバーする

たるみは、たるんだことによりできる影やシワをコンシーラーで明るくして、光で飛ばすハイライト効果を利用して、目立たなくさせます。使うコンシーラーは、皮膚の動きについていける、やわらかめのリキッドで、使用するファンデーションよりも少し明るい色にします。塗り方は目の下のたるみの場合は、たるみの下にできる影に、頬のたるみの場合は、たるみによりできる口角からあごへ向かうシワ（ブルドックラインともいいます）に塗ります。

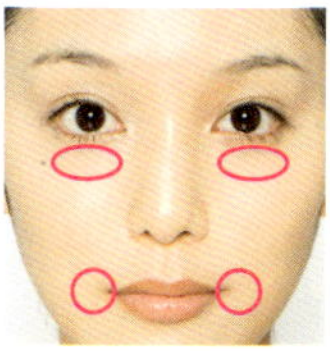

目の下と頬のたるみ

目の下のたるみのカバー法

使用する道具／リキッドタイプのコンシーラー、フェイスパウダー

❶影の部分にコンシーラーをのせる
影になっている部分にコンシーラーをのせ、輪郭を薬指で軽く叩いてなじませます。最後にフェイスパウダーで肌を押さえます。

頬のたるみのカバー法

使用する道具／リキッドタイプのコンシーラー、フェイスパウダー

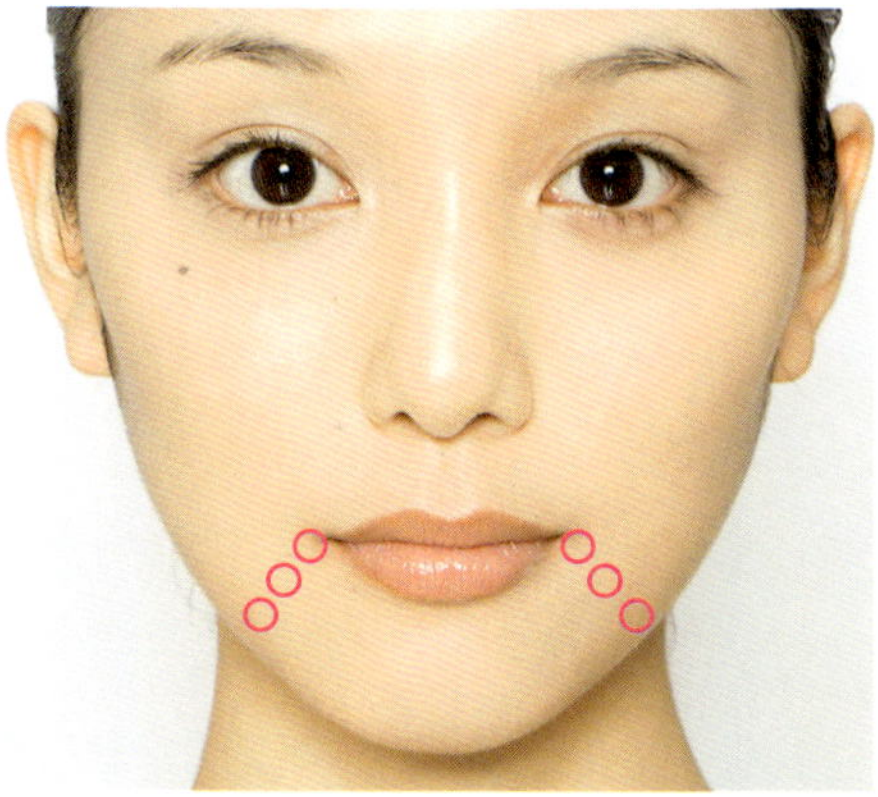

❶たるみによるシワに塗る
頬のたるみによってできる口角からあごへ向かうシワの上にコンシーラーをのせます。シワに対して垂直にコンシーラーを入れ込むイメージで、薬指で塗っていきます。最後にフェイスパウダーで肌を押さえます。

フェイスパウダー

テカリを抑え、化粧崩れを防ぐパウダー
肌を押さえるようにつけてマットな肌に

フェイスパウダーは、粉分が多く、油分が少ない化粧パウダーです。スキンケアのあとの肌にのせて、テカリを抑え、キメの整った肌に見せる方法は、昔から使われていました。現在は、クリームまたはリキッドファンデーション、BBクリームの上から塗るのが一般的です。塗ることにより、肌をマットに仕上げ、化粧崩れを防ぎます。

塗り方は、パフを使う方法とブラシを使う方法があります。初心者や、しっかりと肌の油分を抑えたいときはパフがおすすめです。肌をさするのではなく、押さえる感覚でパフを動かし、塗っていきます。ブラシの場合は、少し寝かせて肌に当てたら、顔の内側から外側へ、円を描きながら塗っていきます。肌からブラシを離さずに、頬などの広い部分は大きく、目もとなどの狭い部分は小さく円を描きます。パフでもブラシでも、とくに、目の下はていねいに塗ります。そうすると、アイメイクのにじみを防ぐことができます。また、コンシーラーを塗った部分もしっかり塗ります。

ルースパウダー＆プレストパウダー

フェイスパウダーには粉のままのルースパウダーと、固めたプレスパウダーがあります。粉飛びが少ないプレストタイプは携帯しやすいので、メイク直しに便利です。色つきのタイプもありますが、肌に色がつかないタイプ（ルーセントタイプ）が万能です。

粉状のルースパウダー

ふんわりと肌に粉がのり、ヴェール効果を発揮。
ルースフェイスパウダー（ポ）

パウダーブラシ

粉含みのよいブラシを選ぶことがポイント。
KASHOEN S100 パウダーブラシ（K）

携帯に便利な固形状のプレストパウダー

粉飛びが少ないため、初心者でもパフに適量を取りやすく、手軽に使えます。
ステイ マット シアー プレストパウダー（ク）

フェイスパウダーの使い方のポイント

目の下はていねいに行い、肌を押さえるようにつけます。

使用する道具／フェイスパウダー、パウダー用パフ

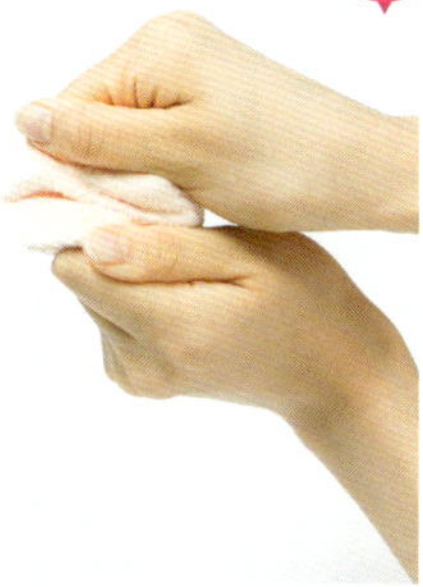

1 パフをもみ込む

フェイスパウダーを取ったパフを軽くもみ込みます。こうすると適量が肌につき、最後にブラシではらう必要がなくなります。

2 頬と額を塗る

頬と額の内側から外側へ向かって、パフで押さえながらのせていきます。

3 下まぶたを塗る

下まぶたは、目尻から目頭へむけて肌を押さえるようにしてつけます。

POINT
アイメイクの崩れを防ぐために必須!

4 額のシワとほうれい線に塗る

額のシワとほうれい線が気になる人は、シワのラインに対して垂直にパフを動かしながら塗ってカバーしていきます。

5 鼻とフェイスラインに塗る

鼻とフェイスラインの肌を押さえるようにして塗ります。頬の毛穴が気になる人は、最後に下から上へ塗ってカバー。小鼻も忘れずに。

6 仕上がり

なめらかな肌に仕上がります。

もっと知りたい！

ベースメイク編

ベースメイクのことで、気になる疑問に関して答えます。

Q1 ファンデーション用ブラシの使い方がわかりません。

A 平たいブラシは塗る部分によって寝かせたり立たせたりし、丸いブラシは毛先のみで塗ります。

ファンデーション用ブラシは、クリームまたはリキッドファンデーションかBBクリームを塗るときに使うことができ、手で塗るときよりも均一に仕上げることができます。

平たいブラシと丸いブラシがあります。平たいブラシは、広い部分を塗るときはブラシを寝かせぎみにし、狭い部分を塗るときはブラシを立たせて毛先を使います。丸いブラシは、毛先5㎜から1㎝くらいを使って、広い部分から狭い部分まで塗っていきます。

塗る順番は、手で塗るときと同じです。とくにファンデーションを薄く均一に塗りたいときは、手よりもブラシで塗るほうが上手くいきます。

平たいファンデーションブラシの使い方

狭い部分はブラシを立てて、毛先を使って塗ります。

広い部分はブラシを寝かせて塗ります。ブラシの裏表を使って往復します。

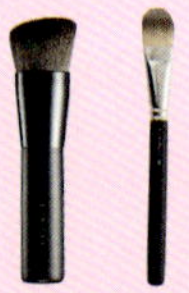

平たい筆と丸い筆

仕上がり感はあまり変わらないので、平たい筆と丸い筆で使いやすいほうを選びましょう。
左からエスプリークファンデーションブラシ（コ）、#190 ファンデーションブラシ（M）

Q2 ファンデーションを塗ると、肌が毛羽立つことがあるのですが……。

A 大きな原因のひとつは、乾燥。素肌に美容オイルを塗ってからメイクを。

ファンデーションを塗った肌が毛羽立つ理由に、肌の乾燥が考えられます。まずは、より保湿力の高い化粧品を使うなどして、肌の乾燥を落ち着かせましょう。すぐ改善したいときは、洗顔後に、両手に保湿効果のある美容オイルを取り、顔を包み込むようにして肌にしっかりとなじませます。2〜3分置いてから、いつものスキンケアをして、ファンデーションを塗ると毛羽立ちは軽減されるでしょう。

Q3 ツヤのある肌になかなか仕上がりません。

A パール感のある化粧下地を使ってみましょう。

クリームまたはリキッドファンデーションの質感だけでツヤをつくるのには意外と難しく、限界があります。とくに、使っているファンデーションがパウダータイプの場合は、ファンデーションの性質上どうしても肌はマットになりがちです。そういう場合は、化粧下地をパール感の強いものに替えてみましょう。ファンデーションを塗ったあとでも輝きが出てくるでしょう。

Q4 朝メイクをして出かけても、お昼にはメイクがよれてしまいます。

A ファンデーションは薄く塗るほどよれにくくなります。

ファンデーションを塗る量が少ない部分ほどメイクがよれにくくなります。目のまわりなどよく動く部分やほうれい線の部分、皮脂量が多いＴゾーンはとにかく薄く塗るようにしましょう。

また、パウダーファンデーションは比較的メイクがよれやすい傾向にあります。パウダータイプを使っている人は、メイク前の保湿をより充実させることと、化粧下地の種類と塗り方をもう一度見直すことをおすすめします。

それでもよれる場合は、のびがよくてフィット感のあるリキッドファンデーションかＢＢクリームに替えるのも手です。

Q5 色つきのフェイスパウダーの使い方は？

A 肌の色みが気になる部分にのみ使います。

ピンクやパープルなどのフェイスパウダーは、ファンデーションの上から塗ることで肌の色みを補正する効果が期待できます。ただし、コントロールカラーよりも色が強く出るため、ふんわりと薄くぼかすようにのせましょう。

Chapter 2

アイメイクの基本

目や眉の形や大きさ、位置は、人それぞれです。そこで、自分の目もとの魅力を十分引き出すためには、基本テクニックをベースに、より似合う色や線の入れ方、描き方を見つけることが大事です。ここではアイメイクの基本テクニックと、目もとの個性に合わせたメイクの方法を紹介します。

アイメイクの手順

アイメイクは、まずは眉の形を左右揃えるように描くことから始めます。眉が決まると、そのほかのアイメイクのバランスが取りやすくなります。あとは、以下の手順でメイクしていきましょう。

マスカラで仕上げる場合

P42〜	**アイブロウ**
P52〜	**アイシャドウ**
P56〜	**アイライン**
P60〜	**マスカラ・まつ毛**

つけまつ毛で仕上げる場合

P42〜	**アイブロウ**
P52〜	**アイシャドウ**
P60〜	**マスカラ・まつ毛**
P64〜	**つけまつ毛のつけ方**
P56〜	**アイライン**

アイメイクで悩まないために覚えておきたい3つのポイント

アイブロウは
眉頭は5㎜内側から

眉は顔の印象を決める大事な部分です。描くときは眉頭よりも5㎜内側から描き始めて、眉頭を濃くしないようにします。本書で紹介する基本の形に近いほうを見本に、もう片方の眉から描き始めるとバランスが取れます。

アイシャドウは
濃い部分を意識する

アイシャドウは目もとに立体感をつけるためのもので、1色でもそれは可能ですが、2〜3色を使うとキレイなグラデーションがつくれます。また、濃い部分が強調される効果を利用して、目もとの印象を自由に変えてみましょう。

アイラインの効果を
しっかり出す

アイラインは目を開けたときに、見えていないと効果がありません。とくに一重や奥二重の人は、描いたら目を開けて確認することを繰り返し、ちょうどよい太さを見つけましょう。

アイブロウ

顔のイメージを決定づける眉は眉頭寄りを濃くして立体感を演出する

眉は顔のイメージを左右するほど影響力のある部位です。左ページのイラストを見てください。ほんの少し眉頭や眉尻の位置を変えるだけで、顔の印象がぐんと変わります。それだけに眉を上手に描くことは、メイク上手への近道といえます。そこで、眉を上手に描くための４つの基本を覚えましょう。

ひとつめは、眉下の無駄な毛を取り除くことです。これだけでも、すっきりとした眉になります。ふたつめは、なりたい眉の形を先に、濃淡がつけやすいアイブロウパウダーで薄く描いておくことです。これをガイドにアイブロウペンシルやアイブロウパウダーで毛を描き足していきます。３つめは、眉頭より５㎜くらい眉山寄りから描き始め、その部分を一番濃く描くことです。そこから眉頭と眉尻に向けて徐々に色が薄くなるように描き、立体感をつけます。４つめは、眉毛の色を髪の毛の色に合わせることです。この４つの基本を守りながら描けば、どんな眉を描くときでもナチュラルで美しく仕上げることができます。

「理想的な眉頭、眉山、眉尻の位置」の見つけ方

左の写真のガイドラインを参考に、顔にペンなどを当てて、眉頭、眉山、眉尻の理想の位置を見つけましょう。この3か所をつないで描いた眉が基本形となります。

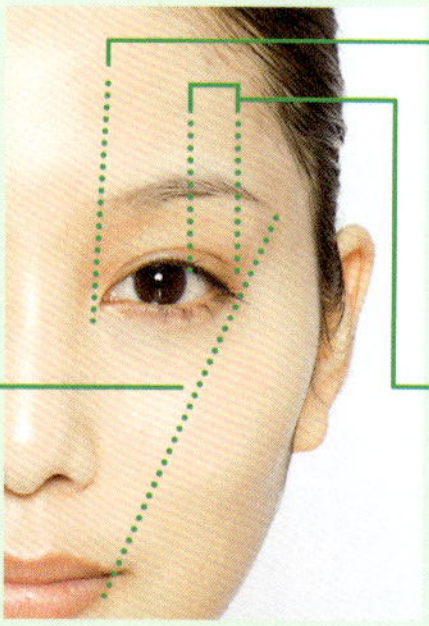

眉頭
目頭から垂直に上へ伸ばした延長線よりも5mm内側にあるのが理想です。

眉山
黒目の外側の端から上へ伸ばした延長線と、目尻から上へ伸ばした延長線の間にあるのが理想です。

眉尻
口角と目尻をつないだ延長線上にあるのが理想です。

眉頭、眉尻の位置とイメージ

理想的な眉頭、眉山、眉尻をつないで描く「眉の基本形」から眉頭と眉尻の位置を変えると、顔の印象も変わります。与える印象の法則を知ることで、なりたいイメージを眉毛で変えることもできます。

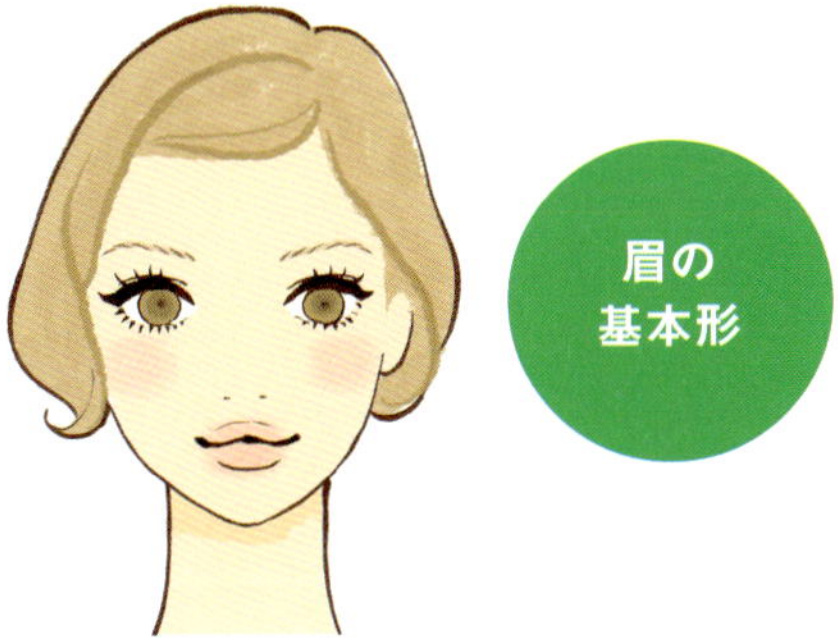

眉頭の位置とイメージ

眉頭が外側

遠心的になり、はかなげで優しく、おっとりとした印象に。

眉頭が内側

求心的になり、シャープで意志が強い印象に。立体感が出て、鼻が高く見えます。

眉尻の位置とイメージ

眉尻が目尻よりもかなり外側

フェイスラインの面積が小さく見えるため、小顔に見えます。エレガントな印象に。

眉尻が目尻よりもかなり内側

フェイスラインの面積が広く見えるため、顔が丸く見えることも。フレッシュな印象に。

眉の整え方

長さを整え、ムダな毛を抜くだけであか抜けた印象に変わる

眉毛をていねいに描き足しても、素の眉の形が整っていないと、キレイに仕上げることはできません。そこで眉を描く前に、眉を整える必要があるかを確認します。

チェック項目はふたつ。ひとつは、眉毛の流れからはみ出ている毛の有無です。眉ブラシで一度眉毛をとかしたあと、下の写真にある「ムダ毛を抜く部分」に生えている毛がないか確認します。見つかったときは、毛抜きで抜きましょう。もうひとつは、長すぎる毛の有無です。毛の流れに沿って眉ブラシでとかし、ほかの眉毛よりも長く飛び出ている毛がないか確認します。こちらも見つかった場合は、長い毛の毛先のみをカットします。

このようにして、眉を整えるだけで、あか抜けた印象になります。2～3週間に1度のペースで眉をチェックし、必要がある場合のみ、整える習慣をつけましょう。

ムダ毛を抜く部分

この部分にムダ毛が残っていると、美しい眉に見えません。毛抜きで抜くか、カミソリや電器シェーバーで剃りましょう。

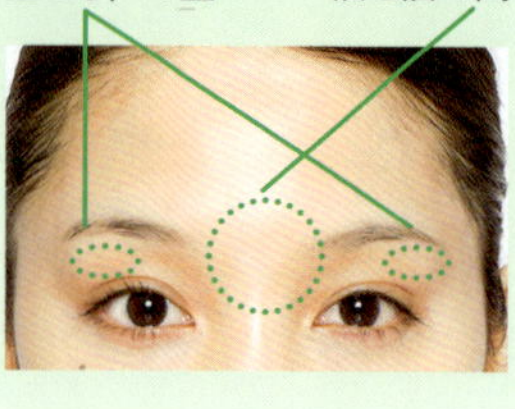

眉を整えるときに便利な道具

必ずそろえたいのが眉ブラシ＆眉コーム、毛抜き、眉専用バサミ。扱いやすいものを選びましょう。

眉ブラシ＆眉コーム

毛量があり、少しコシのあるとかしやすいタイプを。

資生堂シュエトゥールズ ブローブラシ＆コーム（資）

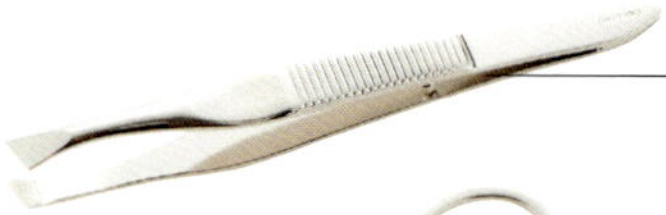

毛抜き

先の合わせがしっかりしていて抜きやすいタイプ選びましょう。

資生堂アイブローニッパーズ 211（資）

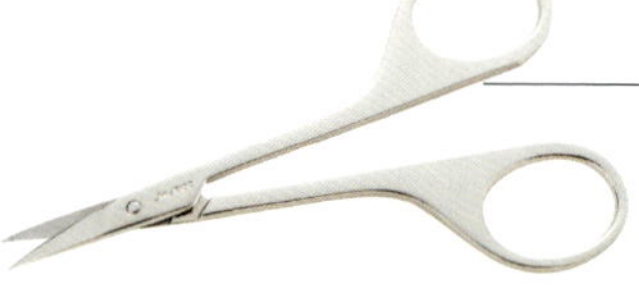

眉専用バサミ

先が繊細でカットしやすいタイプを選んで。

資生堂 アイブローシザーズ 212（資）

眉の整え方のポイント

眉の流れからはみ出る部分だけを取り除きます。

使用する道具／眉ブラシ＆眉コーム、毛抜き、眉専用バサミ

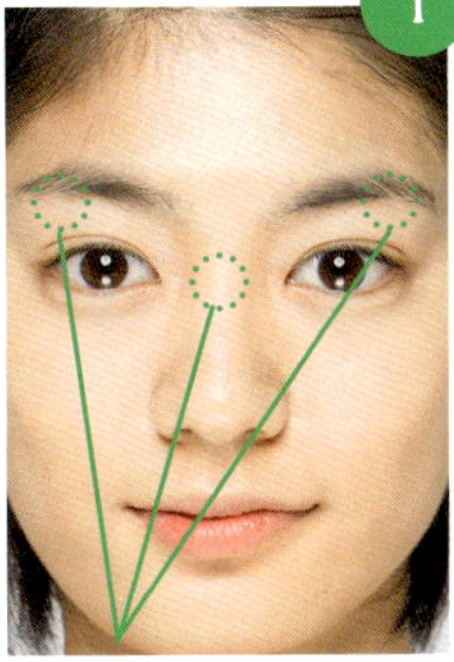

1 ムダ毛がないかをチェックする

眉丘骨の上と、眉と眉の間に、眉毛の流れからはみ出ているムダ毛がないかを確認します。ここにムダ毛があると、やぼったい印象になります。

POINT この部分のムダ毛は必ず確認。

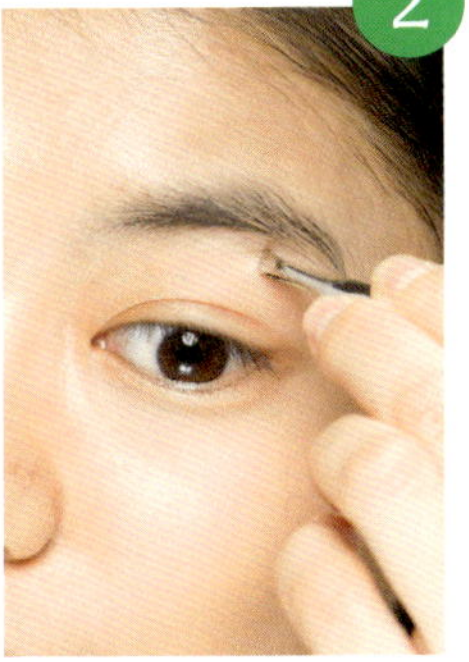

2 ムダ毛を抜く

❶のチェックで見つけたムダ毛を毛抜きで１本ずつ抜きます。痛みを感じるときは、できるだけ毛の根もと近くを毛抜きで挟んで抜きます。

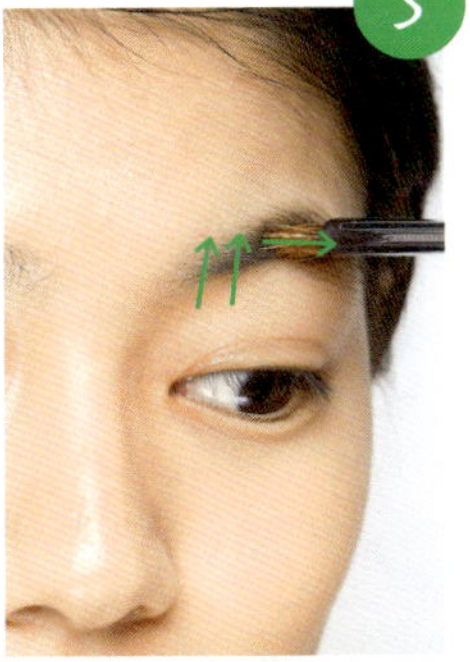

3 眉ブラシで眉毛の流れを整える

眉頭の毛は上方向へ、そのほかの毛は横方向へブラシでとかし、毛流れを整えます。眉毛の流れから飛び出す毛をチェックします。

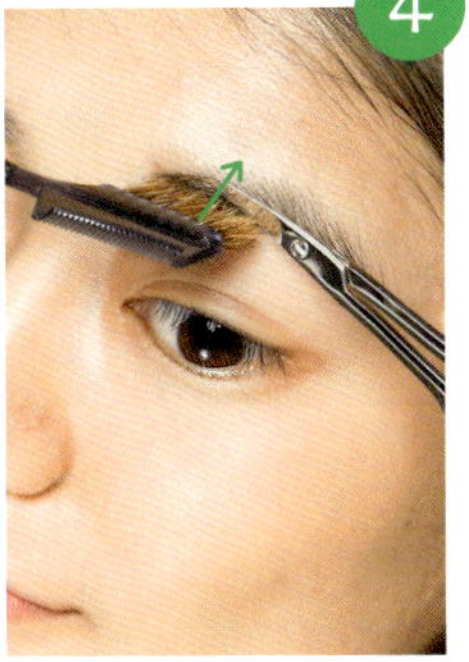

4 眉頭にある長い毛先をカットする

❸のチェックで、眉頭に飛び出している毛があった場合は、もう一度ブラシで眉頭を下から上へとかし、輪郭からはみ出る毛先をカットします。

POINT 眉頭は下から上へ。

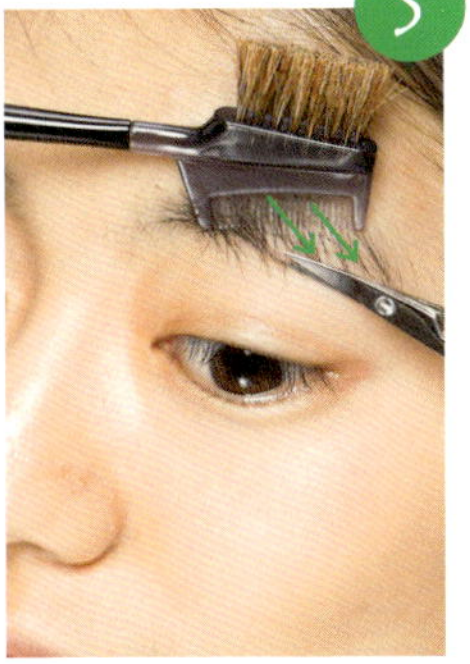

5 眉頭以外の部分の長い毛先をカット

❸のチェックで、眉頭以外でも飛び出している毛があれば、今度はコームを使って上から下へ眉毛をとかし、輪郭からはみ出る毛先をカットします。

POINT 眉頭以外は上から下へ。

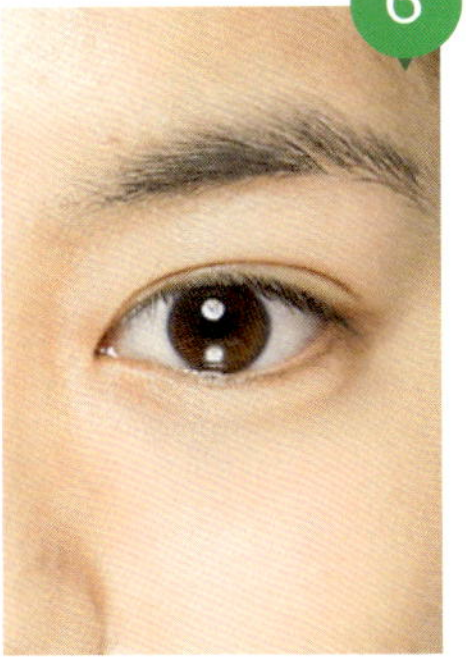

6 仕上がり

ムダ毛や長い毛がなくなりすっきりとした印象になりました。

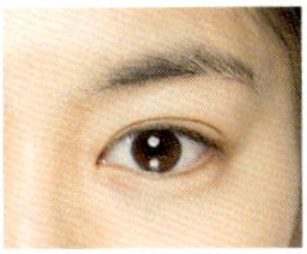

BEFORE

眉の描き方

パウダーを使って眉の輪郭を描き
ペンシルで眉の中を描いて仕上げる

眉毛を整えたら、つぎは眉を描いていきます。用意するのは、アイブロウパウダーとアイブロウペンシルです。パウダーは濃淡がつけやすいため、産毛のようなやわらかさを表現できるのでアウトラインを描くときに便利です。ペンシルは、毛を1本1本描くことにより、シャープなラインを演出できます。これらの特徴を上手に利用して、ナチュラルな眉を描いていきます。また、色は、髪の色と合わせます。

まずはアイブロウパウダーで眉の形のアウトラインを描きます。P42で確認した眉頭、眉山、眉尻の位置を記したあと、眉頭の太さを1としたら、眉山の太さは3分の2にし、眉山から眉尻までは徐々に細くしていきます。つぎにアイブロウペンシルでアウトラインの中の眉毛を描き足します。描き始めるのは、眉頭より5㎜眉山寄りからです。この部分が一番濃くなり、そこから眉頭と眉尻に向かって徐々に淡くなるように描くと自然な立体感が出ます。

なお、描き始めるのは、左右の眉のうち、比較的形が悪いほうからにします。形がよいほうの眉をお手本に描き始めることで、左右の眉がバランスよく仕上がります。

眉を描くために揃えたい道具

キレイに眉を描くために必ず揃えたいのが、アイブロウパウダーとアイブロウペンシルです。アイブロウ用のブラシは、質のよいものを揃えておくと便利です。

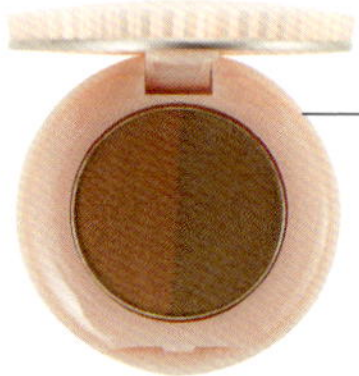

アイブロウパウダー

2色セットは眉に濃淡をつけるのに便利。

アイブロウパウダー（ポ）

アイブロウ用ブラシ

天然毛は粉を含みやすく、肌触りがよいのが利点。

エル ブロウ＆ライン ブラッシュＮ（コ）

アイブロウペンシル

ペンシルの先が楕円形のものは、初心者には使いやすくて便利。

ブローパーフェクター（N）

基本の眉の描き方のポイント

一気に描かずに、眉毛を１本１本植えるように描きます。

使用する道具／アイブロウパウダー、アイブロウペンシル、綿棒

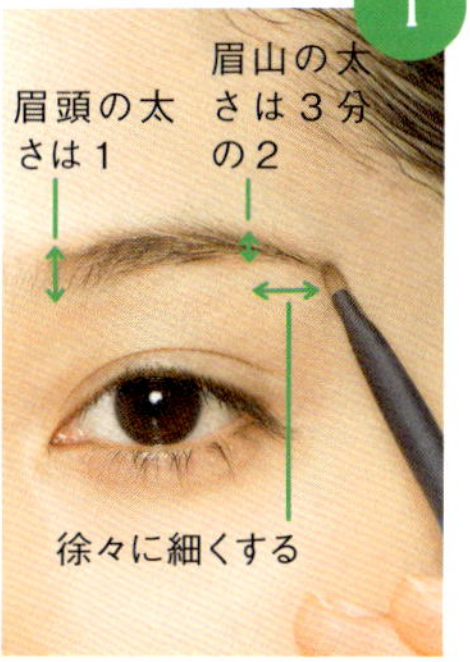

1 アウトラインを描く

眉のアウトラインをアイブロウパウダーで描きます。確認した眉頭、眉山、眉尻の位置をつなげます。太さを眉頭1、眉山３分の２にします。

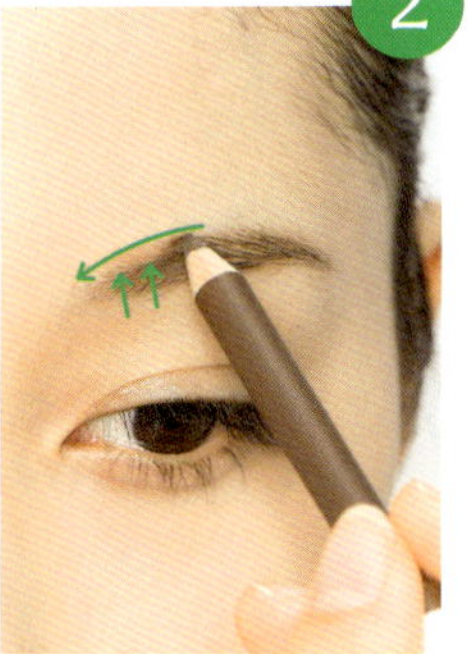

2 眉頭方向へ描く

自分の眉と同じ色のアイブロウ用ペンシルを用意。眉頭から5mmの位置から描き始めます。眉頭方向へ向けて、間を埋めるように１本ずつ描いていきます。

POINT
眉頭の毛流れは斜め上向きなので、斜め上へ向けて描き、左へ進む。

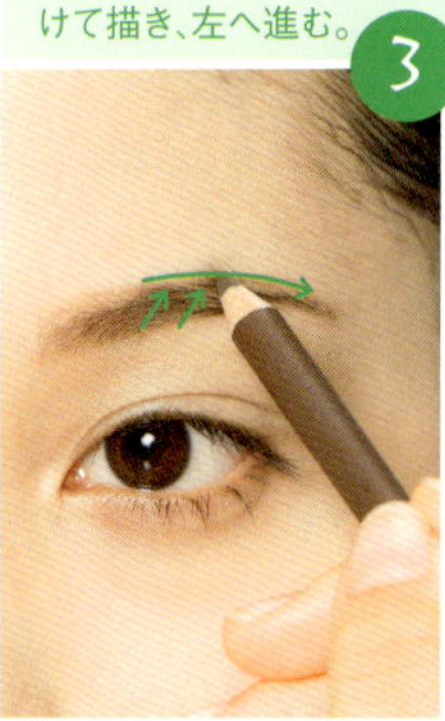

3 眉尻方向へ描く

つぎに、眉頭から5mmの位置から眉尻方向へ向けて、徐々に細く、薄くなることを意識しながら、間を埋めるように１本ずつ描き足します。

POINT
この部分の毛の流れは斜め横向きなので、斜め横へ向けて描く。

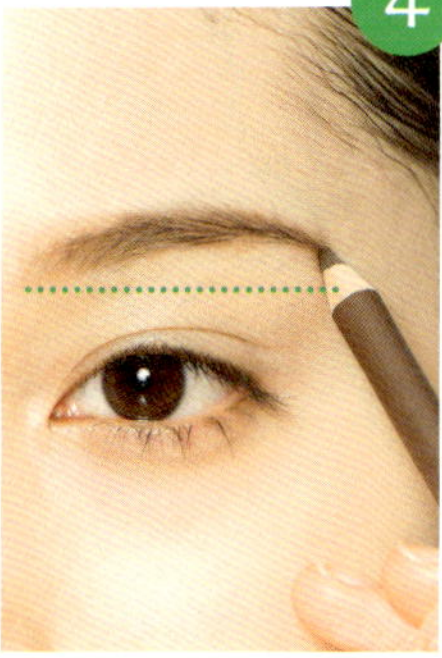

4 眉尻を描く

眉尻は、徐々に淡く、細くなっていくようにしたいので、足りない部分を描き足す程度で十分です。濃すぎると不自然に見えるので注意しましょう。

POINT
眉尻は、眉頭より下がらないように。

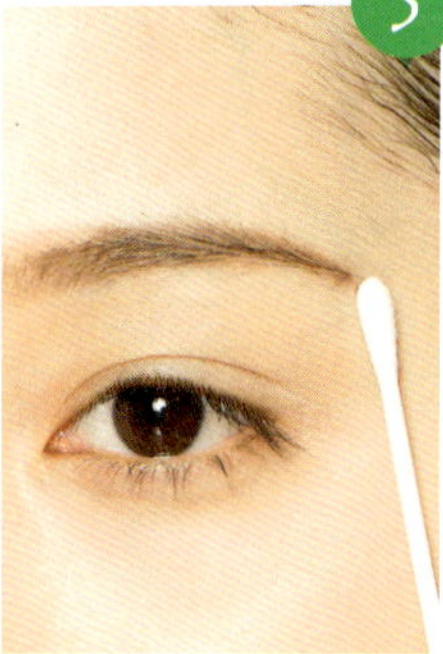

5 はみ出した部分は綿棒で整える

最後に全体を見て、はみ出したり、線ががたついている部分があったら、綿棒で拭き取り、整えます。

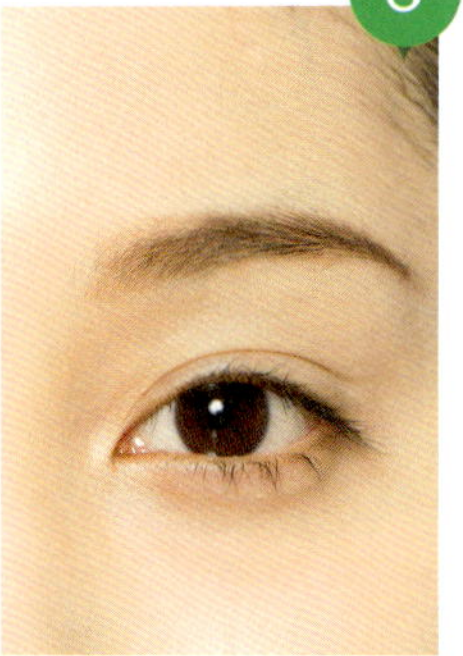

6 仕上がり

少し太めでやわらかいカーブの眉になりました。左右のバランスが整っていることを確認します。

眉の種類と与える印象

シーンやファッションに合わせて眉の形を少し変えるだけで、イメージが大きく変わります。基本の眉が描けるようになったら、なりたい印象に合わせていろいろな眉に挑戦してみましょう。代表的な眉と描き方のコツを紹介します。

なだらかアーチ眉

眉山が角ばらないようになだらかなカーブをつけます。眉尻はやや長めにのばして描きます。眉頭は基本の形のように目頭よりも少しだけ内側にします。

与える印象

- やさしい印象を与えます。
- エレガントに見えます。
- 大人っぽく見えます。

ふんわり太め眉

なだらかなカーブになるように全体を描き足します。太さを出す場合は、眉の下を描き足します。さらに、眉頭の位置を少し内側にして、眉と眉の間を狭くします。

与える印象

- 意志や責任感の強さを感じます。
- 顔の輪郭が締まって見えます。
- 若々しく見えます。

下がり眉

眉頭の上部分を描き足して太くし、その太さのまま目尻までストレートに描いていきます。眉頭の位置は少し内側に。眉尻は目尻あたりからスッと下げます。

与える印象

- はかなげな印象を与えます。
- 愛らしくかわいい印象を与えます。
- 小悪魔っぽい色気を感じます。

太めストレート眉

カーブをつけず、ストレートに描きます。太さは、もとの太さに少しだけ足す程度にして、眉尻は短めにします。全体的に短めで細いストレート眉です。

与える印象

- 意志や責任感の強さを感じます。
- 知的に見えます。
- 若々しいイメージに。

悩み別眉の描き方

薄い眉・細い眉

アイブロウパウダーをメインアイテムとして使う

もともと眉毛の色が極端に薄かったり、量が少なかったりする人が眉を描くと、絵に描いたような不自然な眉になりがちです。この場合は、アイブロウペンシルだけで描くと不自然になるので、絶対に避けましょう。ふんわりとした影をつくることができるアイブロウパウダーで、まずは眉全体の太さと濃さを調整します。仕上げにアイブロウペンシルで、眉山から眉尻の毛を1本1本描き足して、自然な毛流れを感じさせます。

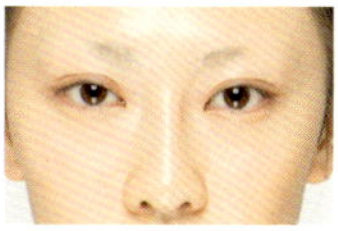

抜きすぎた結果、眉毛が生えてこなくなった、薄眉

薄い眉・細い眉のカバー法

使用する道具／アイブロウパウダー、アイブロウペンシル

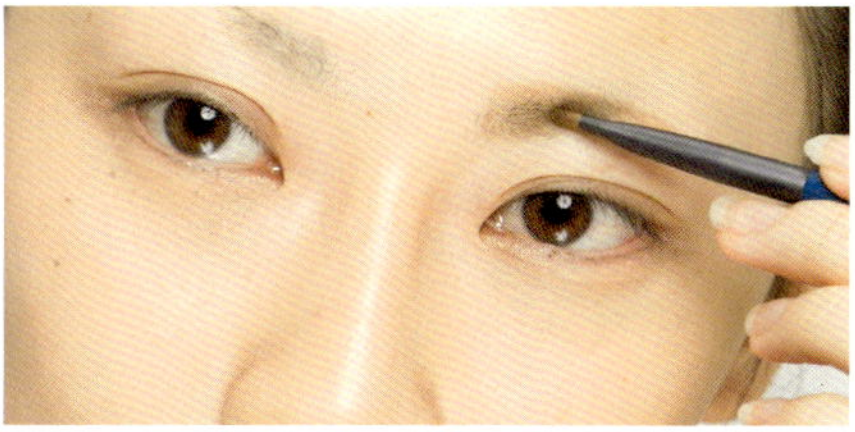

❶眉頭を描き足す

アイブロウパウダーを使って、元々ある眉頭に太さと濃さをプラスします。

POINT

眉頭1、眉山3分の2を守る。

❷眉頭に合わせて眉尻まで描く

眉頭の太さを基準に、眉全体をアイブロウパウダーで描きます。太さは、眉の基本形の描き方と同じ、眉頭1、眉山3分の2のバランスにします。

❸毛流れを描く

アイブロウペンシルを使って、眉毛を1本1本描き足していきます。眉頭から5㎜眉尻寄りの部分を最も濃くし、眉頭、眉尻に向けて徐々に薄くなるようにします。

完成

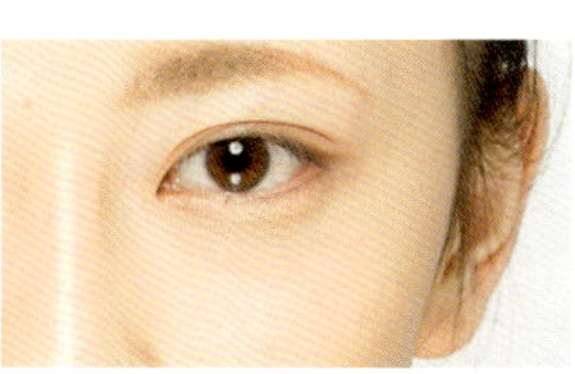

左右不ぞろいな眉

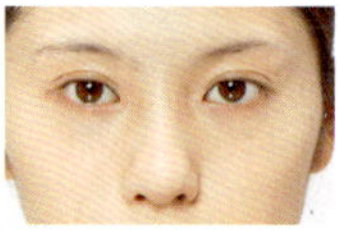

左眉は右眉に比べるとカーブが急で眉尻側が薄く不ぞろい

基本の眉に近いほうの眉に描くアウトラインを基準に描く

眉の悩みでもっとも多いのが、左右がそろっていない眉です。ほとんどの人の眉が左右不ぞろいといえるでしょう。この場合は、左右の眉のうち、まずは眉の基本形（P42参照）に近いほうの眉から、アウトラインを描きます。次に、このアウトラインを手本に、もう一方の眉のアウトラインを描くと左右の形のバランスが取りやすくなります。最後にアイブロウペンシルで、左右の眉の濃さをそろえ、仕上げていきます。

左右不ぞろいな眉のカバー法

使用する道具／アイブロウパウダー、アイブロウペンシル

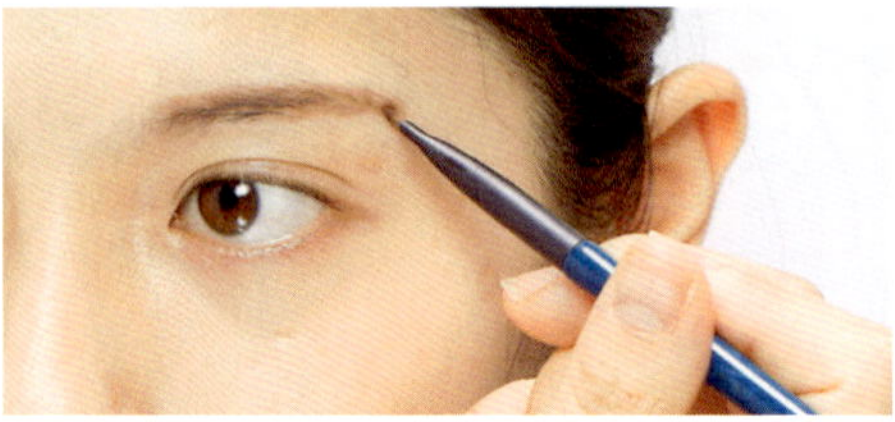

❶アウトラインを描く

基本の眉に近い右眉に、アイブロウパウダーでアウトラインを描き、それを手本に左眉のアウトラインを描きます。

❷濃さを揃えていく

アウトラインの内側を、アイブロウペンシルで描いていきます。まずは、左眉を仕上げ、次に右眉を仕上げるとバランスが整いやすくなります。

完成

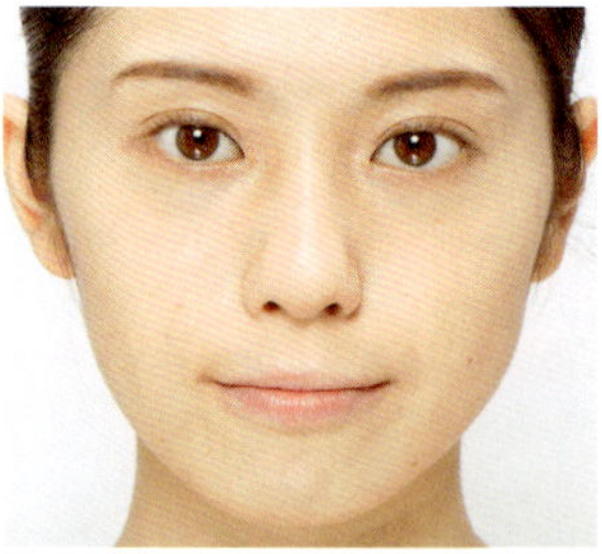

眉の高さをそろえてみましょう

どうしても、左右の眉の形がそろわないときは、左右の眉の高さを合わせてみましょう。形のよいほうの眉頭に、ブラシの柄などを、目と平行になるように置きます。反対の眉頭をこのブラシの柄の部分にくるように描きます。眉山、眉尻も同じようにして高さをそろえて描きます。

もっと知りたい！

アイブロウ編

アイブロウのことで、気になる疑問に関して答えます。

Q1 左右のどちらの眉のほうが形がいいのかわかりません。

A 片方ずつ眉を隠して鏡で見て、決めましょう。

左右の眉を一緒に見ていると、かえって比べにくいものです。そこで、片方の眉を隠して、一方の眉を鏡で見てみましょう。個性が判別しやすくなります。そして、自分らしいと思える形のほうをよい形の眉と考えて見本にし、アウトラインを描き、もう一方の眉から仕上げると上手に描けます。

Q2 眉毛がとても濃くて、どう描いてよいのかわかりません……。

A 眉マスカラだけで仕上げてみましょう。

もとの眉毛が濃い人は、まず眉を整えます。あとは、髪の色に合わせた眉マスカラで眉毛をとかすだけにしてみましょう。眉の存在感を軽くしたいときは、眉マスカラの色を少し明るめにします。

ケイト アイブロウカラーN LB-1（カ）

Q3 つり目が強調されない眉の形はありますか？

A 眉尻を少し上げた太めのストレート眉がおすすめです。

つり目の角度とは反対の下がり眉にすると、逆につり目を強調してしまいます。おすすめは太めストレート眉で、眉尻だけを少し下げて描く眉です。目の上がっているほうに眉尻が少しだけ沿うことで、目の印象が少し穏やかに見えます。

アイシャドウ

塗り方と色選び次第でイメージを変えられる魔法のパウダー

目もとに立体感を与えたり、イメージを変えたいときに役に立つのがアイシャドウです。

アイシャドウの効果を思い通りに得るためにもっとも大事なのは、濃くしたい部分から塗り始めることです。なぜなら、アイシャドウは最初に肌にのせた部分がもっとも濃くつくためです。これを上手に利用します。また、道具選びも大事です。薄く塗るときはブラシ、中くらいの濃さならチップ、濃く塗るときは指がおすすめです。基本のアイシャドウの入れ方は、目の際を最も濃く、眉に向かって薄くなるようにグラデーションをつけます。そうすると立体感が生まれます。

そして、悩みとして多いのが色選びです。「雑誌で見たピンク色が似合わない」といったことがよくありますが、これは、自分の肌のトーン（P18参照）を知ることで解決します。イエローベースなら黄みよりのピンクを、ブルーベースなら青みよりのピンクを選ぶというように、自分の肌に合う色みを楽しみましょう。

アイシャドウの種類と選び方

アイシャドウには、おもにパウダータイプとクリームタイプがあります。とくに仕上がりの質感が異なり、マットに仕上げたいときはパウダー、ツヤを出したいときはクリームが向いています。

パウダータイプ

細くも、広くものせられるのが利点。色を重ねたときに、にごらず、キレイに発色する。

オーブ クチュール デザイニング インプレッションアイズ II502（花）

クリームタイプ

発色がよく、薄く伸ばしやすい。しっとりとつややかな仕上がりに。パウダータイプの下地としても使える。

チャビースティックシャドウティントフォーアイ 07（ク）

色数別アイシャドウの入れ方

1色、2色、3色使いをマスターすれば、まぶたにいろいろな表情をつけることができます。

アイシャドウ１色使いの基本プロセスのポイント

目の際から眉下まで、単色のグラデーションをつくります。濃いめでマットな色を選ぶと、ぼかしても色みを残すことができます。

使用する道具／アイシャドウ（1色）、アイシャドウ用チップ

アイシャドウの入れ方

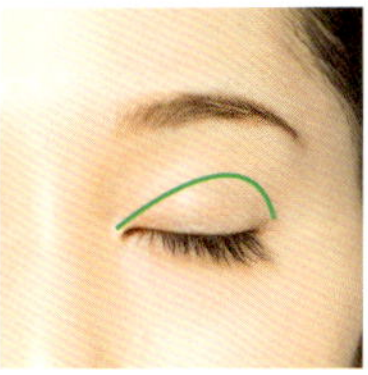

目の際に入れたアイシャドウを目の際から眉下までのグラデーションになるように広げます。目尻側が丸く、濃くなるように仕上げるのがコツ。

1 目の際に色をのせる

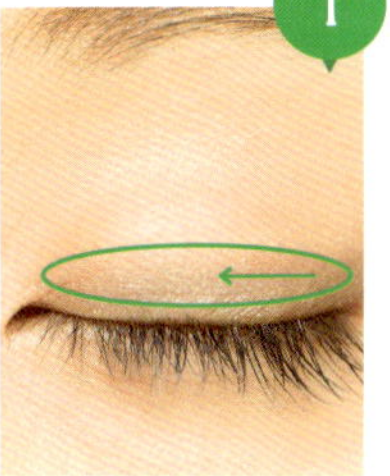

目の際が最も濃くしたい部分。そこで、チップにアイシャドウを取り、目の際の目尻から目頭に向かってのせていきます。

POINT
3〜5㎜幅が目安。ここが一番濃くなるように！

2 目尻から目頭へ丸くぼかす

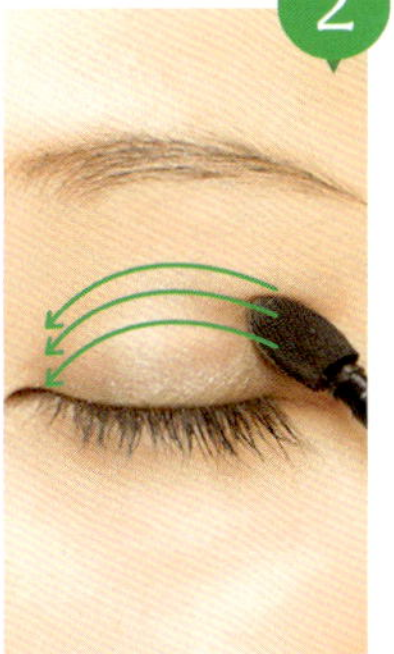

❶でのせたアイシャドウをアイホールに広げます。チップを使い、目尻から目頭へ、丸くぼかします。目尻側が濃く、目頭側が淡くなります。

3 目尻から目頭へ直線的にぼかす

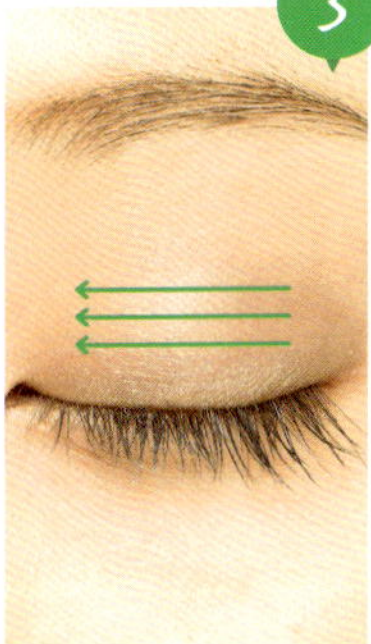

チップを使い、アイホールに広げたアイシャドウを目尻から目頭へ向けてぼかして、自然なグラデーションをつくります。

4 眉方向へ色をぼかしていく

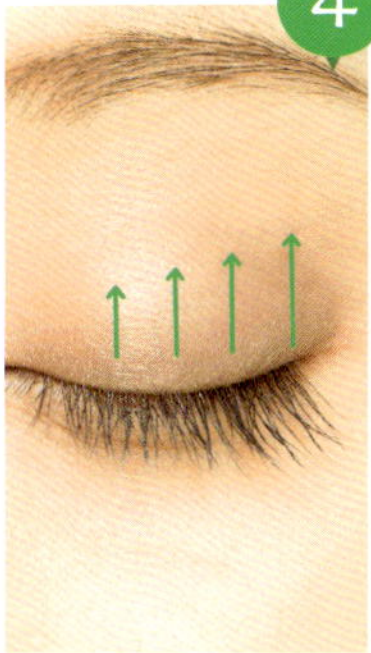

チップを使い、目の際にのせたアイシャドウを、眉の方向へ向かって広げます。目尻側は広く、目頭側に行くに従って狭くなるのがポイント。

5 仕上がり

目尻にポイントがくるグラデーションが仕上がります。最初にのせた目の際にアイシャドウが濃く残り、目が締まって見えます。

アイシャドウ２色使いの基本プロセスのポイント

目を締める濃い色と、濃い色を引き立てる薄い色の２色を使います。自然な立体感のある目もとになります。

使用する道具／アイシャドウ（２色）、アイシャドウ用チップ、アイシャドウブラシ

アイシャドウの入れ方

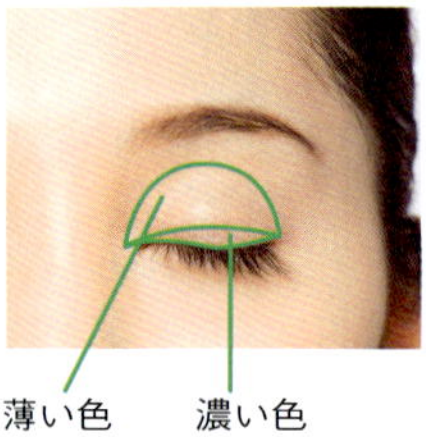

アイホールから眉の下まで薄い色を広げ、濃い色は目の際に入れます。重なる部分をていねいにぼかして自然なグラデーションをつくります。

1 まぶた全体に薄い色をのせる

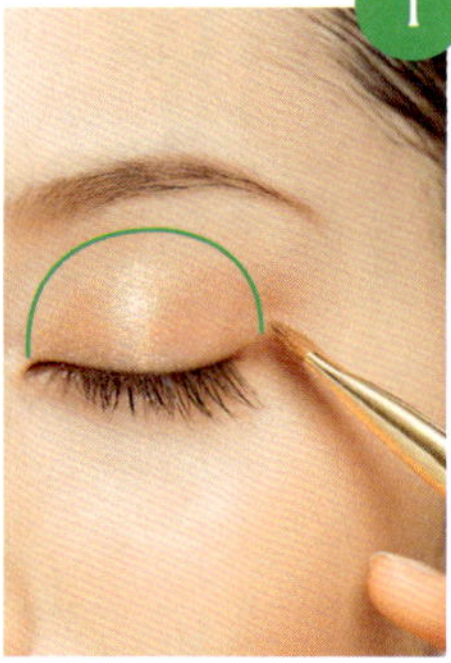

薄い色をブラシに取り、まぶた全体にのせます。濃淡をつけず、均一にぼかしていきます。

POINT
ブラシで薄い色を先に塗る。

2 目の際に濃い色をのせる

濃い色をチップに取り、目の際にのせます。

POINT
チップで濃い色を3～5㎜幅で入れる。

3 目の際から眉へ向かってぼかす

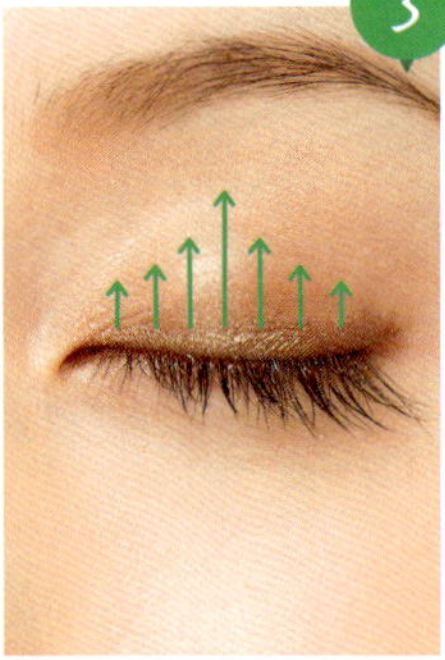

チップを使い、目の際の濃い色を、眉方向へ向かって広げます。中央部分がもっとも広く、目頭と目尻に行くに従って狭くなるように広げます。

4 濃い色を横方向にぼかす

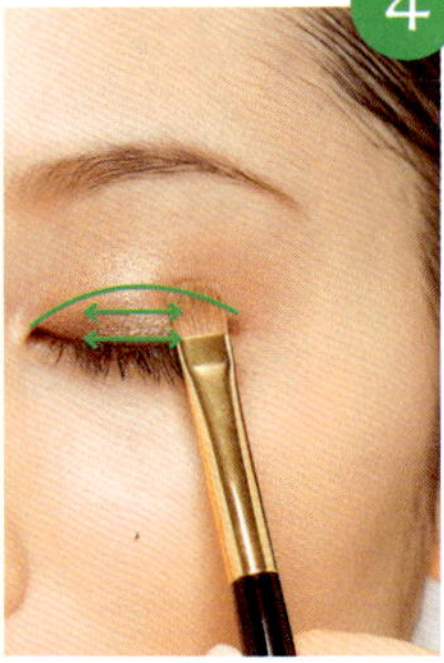

ぼかした濃い色をさらに左右に動かし、ブラシでぼかしていきます。

5 仕上がり

幅広くぼかした濃い色が主張するシンプルなグラデーションが完成。淡い色にハイライト効果があるため、目もとが明るくなります。

アイシャドウ3色使いの基本プロセスのポイント

1番濃い色（締めの色）、2番めに濃い色、1番薄い色の3色を使います。同系色で揃えると美しいグラデーションと立体感が演出できます。

使用する道具／アイシャドウ（3色）、アイシャドウ用チップ、アイシャドウブラシ

アイシャドウの入れ方

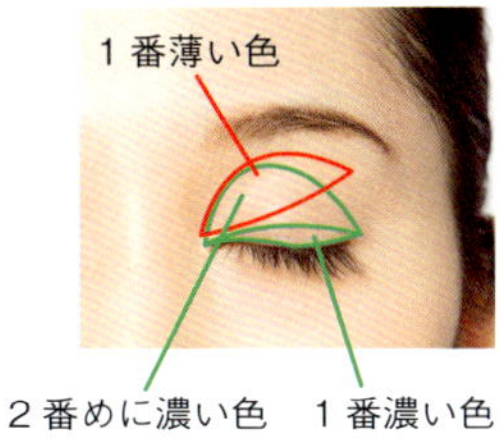

目の際から眉の下までのグラデーションになるように3色をのせます。目を開けたときに2番めに濃い色が見えるように入れるのがポイント。

1

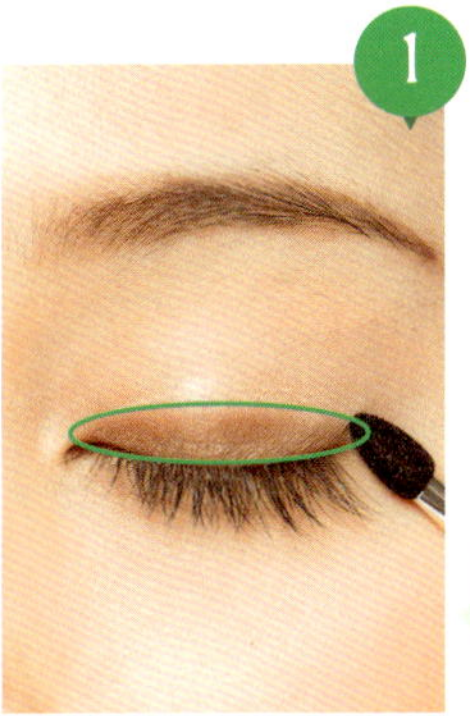

1番濃い色を目の際にのせる

チップに1番濃い色を取り、アイラインを引くように目の際に入れます。

POINT
目尻は2㎜幅で入れる。長めに入れて、目の幅を大きく見せる。

2

2番めに濃い色をアイホールにのせる

ブラシに2番めに濃い色を取り、アイホールにのせます。❶で塗った部分と少し重ね、目を開いたときに2～3㎜幅で見える程度にします。

3

1番薄い色を眉下にのせる

ブラシに1番薄い色を取り、2番めに濃い色と少し重ねながら、眉下にのせます。

4

色が重なる部分を指でぼかす

3色が重なり合う部分を指で軽くぼかします。ぼかしながらアイシャドウを密着させるために、人差し指を使います。

5

仕上がり

立体感のある目もとが完成。もともとの色の濃さが異なる分、手軽に立体感をつくり出すことができます。

アイライン

まつ毛とまつ毛の間を埋めるだけで目の印象は大きくはっきりと見える

目をはっきりと印象的に見せるのに欠かせないのがアイラインです。

アイラインを効果的に見せるために最も重要なのが、まつ毛の生え際に描くことです。目を開けたときに、まつ毛の生え際とアイラインの間に肌の色が見えてしまうと目を大きく見せることはできません。まつ毛とまつ毛の間を埋めるように引くと上手くいきます。アイラインが苦手な人は、まぶたを指で持ち上げてまつ毛の生え際をしっかり引き出してから描くと、狙ったところに描くことができます。

また、せっかく描いたアイライナーも、目の形によってはまぶたで隠れてしまい、効果を発揮できないこともあります。左ページを参考に自分の目の形に合う太さや幅で描くように意識しましょう。

アイラインの色は自分の肌のトーン（P18参照）に合わせて選ぶと失敗がありません。ブルーベースの人にはブラックとネイビー、イエローベースの人にはブラウンがおすすめです。色が浮いて見えず、自分の肌の色になじむ仕上がりになります。

アイライナーの種類と特徴

代表的な3タイプのアイライナーの特徴を知り、自分がなりたい目もとのイメージに合わせて選びましょう。

ペンシルタイプのアイライナー

ナチュラルでインパクトのある目もとになりたいときに。初心者はこのタイプがおすすめ。

クリーム シェイパー フォー アイ ディープ コバルト（ク）

リキッドタイプのアイライナー

目もとをしっかり締めて、強いインパクトのある大きな目もとになりたいときに。やや上級者向け。

ラブドロップス ブラウンアイライナー（石）

ジェルタイプのアイライナー

強いインパクトのある目もとにしたいけれど、テクニックに自信がない人に。ペンシルタイプと同じく描きやすい。

ケイト スリムジェルライナーペンシル BR－1（カ）

目の形と効果的なアイラインの描き方

目の形を生かすためのアイラインの入れ方のコツを紹介します。基本の描き方（P58）をベースに、自分の目に合うアイラインテクニックを手に入れましょう。

二重の場合

**すっきりとした
やや太めのラインを**

描いたアイラインが、目を開けたときにそのままの太さとインパクトで見えてくるのでアイラインの効果が出やすいのが二重の目です。そのため、標準的な太さ（約1㎜）のラインを描くだけできちんと目が締まり、はっきりとした印象を与えることができます。二重幅が広い人は、二重幅の半分くらいの太さが自然です。

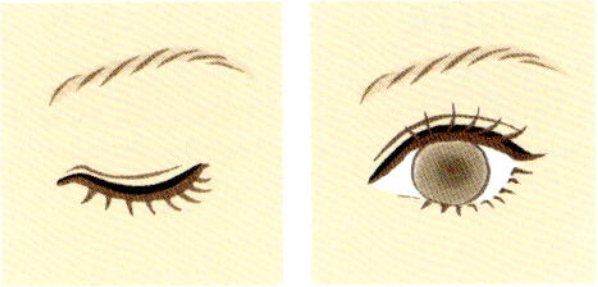

一重の場合

**くっきりとした
太めのラインを**

まつ毛の生え際がまぶたで隠れてしまいがちなのが一重の目です。そのため、目を開けたときにアイラインが見えるように、くっきりと標準より太めに描きましょう。描き方は、まつ毛の生え際に一度アイラインを引いたあと、少しずつ描き足していきます。時々目を開けて、ラインの見え方を確認し、目のフレームがはっきりするまで太く描きます。

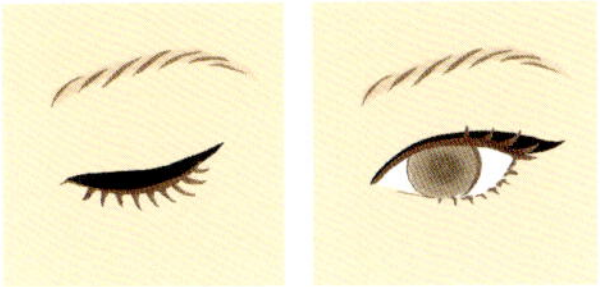

奥二重の場合

**目のフレームを
はっきりさせるラインを**

まつ毛の生え際の一部がまぶたで隠れてしまいがちな奥二重。まつ毛の生え際を引き出し、そこを埋めるように描き、目尻から真横に3㎜ほどのばします。さらに、まつ毛の生え際より内側部分にある粘膜（白い部分）にもアイラインを描きます。デリケートな部分なので、力を入れずにペンを置くイメージで。この工程で目が大きく見えます。

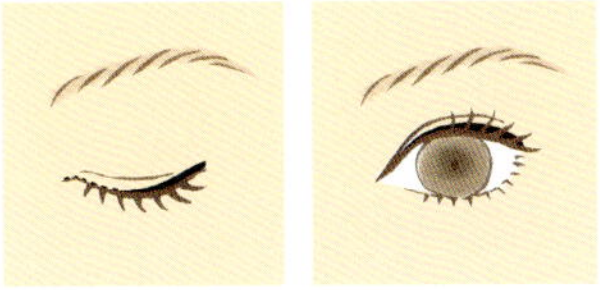

種類別アイラインの描き方

アイライナーの種類ごとに異なる上手な描き方をマスターしましょう。

ペンシル&ジェルを使った基本の描き方のポイント

小刻みに往復させながら、少しずつ描いていきます。

使用する道具／アイライナーペンシル、またはアイライナージェル

1

まつ毛とまつ毛の間を埋める

まず、まつ毛が生えているラインを目頭から目尻まで描いていきます。まつ毛とまつ毛の間をペンシルを小刻みに往復させながら描いていきます。

POINT

まつ毛の生え際を引き出して描く。

2

上まぶたの際にラインを描く

目を閉じて、上まぶたの際にラインを描いていきます。一気に引かず、少しずつ線を描き足して目頭から目尻まで描き、太さを均一にします。

3

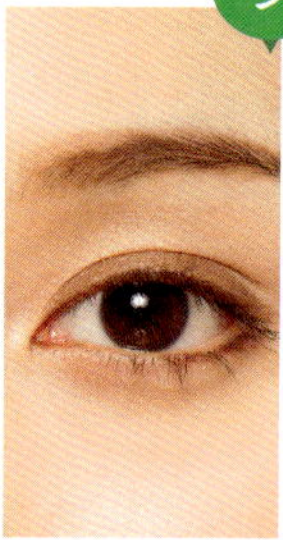

目を開けてラインを確認する

目を開けて、描いたラインを確認します。太さが均一になっていない場合は細い部分を描き足します。逆に太い部分がある場合は、綿棒で拭き取ります。

4

仕上がり

よりナチュラルに仕上げたいときは、アイラインを軽く指でぼかし、アイシャドウとなじませます。

目を大きくみせたいとき

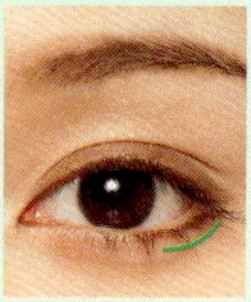

POINT

3分の1に入れる。

下まぶたにも入れる

目をより大きく見せたいときは、下まぶたにもラインを入れましょう。目尻から3分の1まで入れると自然に仕上がります。

目の幅を出したいとき

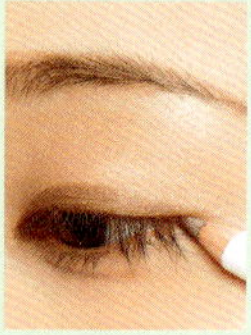

目尻をのばす

ラインは目尻まで引くのが基本ですが、目の幅を出したいときは、目尻よりも3～5㎜長く描きましょう。横に大きな目になります。

リキッドを使った基本の描き方のポイント

ぼかしが効かないので、細いラインを数回重ねて徐々に太さを調整していきます。

使用する道具／リキッドアイライナー

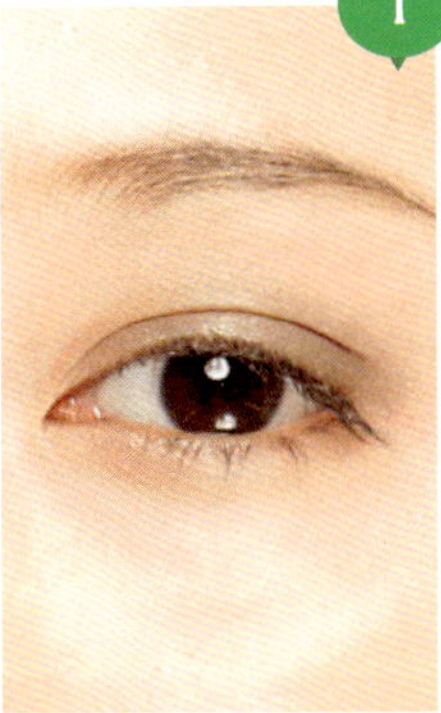

1 まつ毛とまつ毛の間を埋める

まず、まつ毛が生えているラインを目頭から目尻まで描いていきます。まつ毛とまつ毛の間に点をおくようにして描くのがポイントです。

2 上まぶたの際にラインを引く

目を閉じて、上まぶたの際にラインを描きます。目頭から目尻より3～5㎜のばしたところまで一気に引くと、細くラインが描けます。

3 ラインを太くしていく

描いたラインを少しずつ太くしていきます。ラインのがたつきを修正しながら、目尻側が徐々に太くなっていくように描いていきます。

4 目を開けてラインを確認する

目を開けて、描いたラインを確認します。インパクトが弱いときは目尻側のみ0.5㎜ほど少し太くするとバランスよくなります。

5 仕上がり

ラインの太さが均一になっているかをチェックします。細い部分は、太い部分に合わせるようにラインを足します。

目の幅を出したいとき

目尻をのばす

目尻よりも3～5㎜長く描きます。目尻の部分は骨があるため、ラインががたつきやすいので筆を横に寝かせたまま引くと、上手に描くことができます。

マスカラ・まつ毛

なりたいイメージに合わせて種類を選び、根もとをしっかりと上げるように塗る

目が大きく見えて目力をアップさせるためには、まつ毛の存在感が重要です。そのために必要なのがマスカラを塗る工程です。

マスカラは大きく分けると、まつ毛に長さを与えるロングタイプ、1本1本に太さを与えるボリュームタイプ、まつ毛をカールさせるカールタイプがあります。自分がなりたいまつ毛に合わせてタイプを選びます。

また、色によっても印象が変わりますが、基本は眉毛の色に合わせます。または自分の肌のトーン（P18参照）に合う色にすると無難です。イエローベースにはブラウン、ブルーベースにはブラックがおすすめです。

上手にマスカラを塗るためには、塗る前にビューラーでまつ毛を上げることも欠かせません。目尻までしっかり上げましょう。また、マスカラのつけ方ひとつでまつ毛が上がり、カールの持続力が変わります。やり方は、まつ毛の根もとにマスカラを置いたら上へ持ち上げて、そのまま10秒置くこと。それだけで、毛先が落ちにくくなります。

ビューラーの種類と選び方

まつ毛を挟んでカールさせるのがビューラーです。まつ毛の一部（目尻のまつ毛など）を挟むサイズのものは、好みでそろえましょう。ほとんどのビューラーが、多くの人のまぶたの形に合うように設計されていますが、なかなか上手くまつ毛が挟めないという人は、ビューラーを替えてみるのも一案です。また、電熱式のホットビューラーもあります。

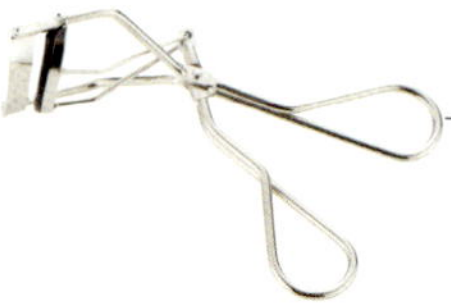

全体用ビューラー

まぶたの幅までありゴムの部分にまつ毛を挟みます。

資生堂アイラッシュカーラー 213（資）

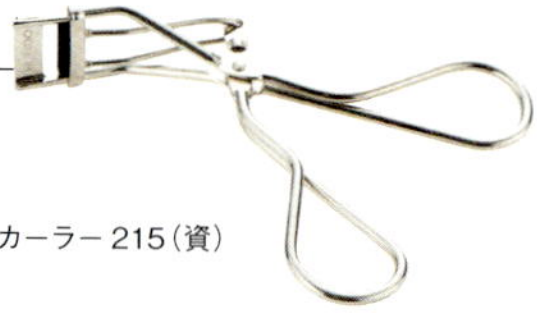

部分用ビューラー

目尻よりのまつ毛や、まつ毛の毛先のカールに。

資生堂ミニアイラッシュカーラー 215（資）

マスカラの種類と特徴

マスカラの種類は、まつ毛のイメージに合わせて、ロングタイプ、ボリュームタイプ、カールタイプの３タイプあるとお伝えしましたが、これら３タイプもしくは２タイプを兼ね備えたものもあります。また、マスカラの処方として、簡単にオフができて長さのあるまつ毛をつくりやすいフィルムタイプ、水や汗に強いウォータープルーフタイプもあります。フィルムタイプは、フィルム特有のツヤ感があり、にじみにくいので、コンタクトレンズ使用の人にもおすすめです。ウォータープルーフタイプは、スポーツやレジャー時でも活躍するタイプで、落とすときはアイメイク用リムーバーまたはオイルクレンジングなどで落とします。それぞれの特徴を知ったうえで、目もとのイメージやシチュエーションに合わせて選びましょう。

ロングタイプマスカラ

まつ毛に長さを与えるタイプ。自然で印象的なまつ毛に仕上げたいときに向いています。まつ毛が短くて悩んでいる人にもおすすめです。

ラッシュパワーマスカラ
ロングウェアリング
フォーミュラ（ク）

テクニック

まつ毛の根もとから毛先に向かってマスカラを塗ったあと、まつ毛の毛先を数回重ね塗りをすると、より長いまつ毛を演出することができます。

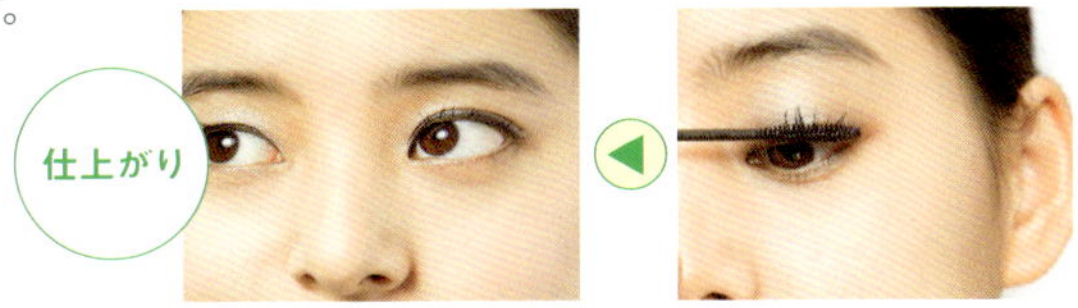

ボリュームタイプマスカラ

まつ毛に太さを与えるタイプ。まつ毛が密集しているような印象になるため、インパクトのある目もとに仕上がります。まつ毛がまばらに生えている人におすすめです。

ショッキングボリューム
マスカラ（パ）

テクニック

マスカラをまつ毛の根もとに置いたら、少しだけ左右にマスカラを動かしながら毛先まで塗っていくと、まつ毛にたっぷりとマスカラがつきます。

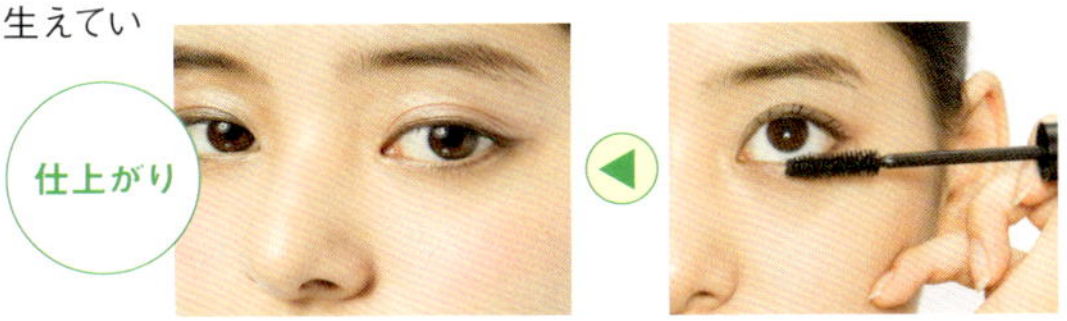

カールタイプマスカラ

まつ毛をくるんとカールさせるタイプ。まつ毛を上に向かせるため、目をより大きく見せたいときに向いています。ビューラーでカールしてもまつ毛がすぐに下がってしまう人におすすめです。

ヴィセ リシェ フェザーインパクト
マスカラ（ウォーター
プルーフタイプ）（コ）

テクニック

まつ毛の根もとを押し上げるようにしたまま 10 秒置きます。このあと、まつ毛をとかすように塗ると、カールアップ効果が一層感じられます 。

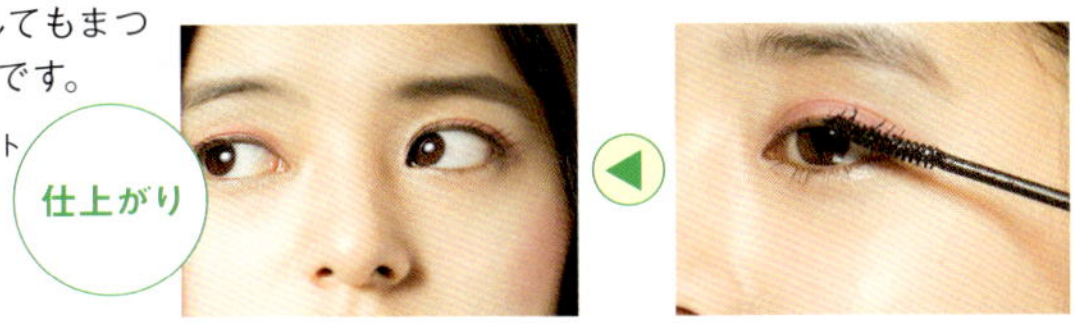

マスカラの塗り方のポイント

まつ毛を持ち上げながら、上側と下側の両方を塗ります。

使用する道具 / ビューラー、マスカラ、マスカラ用コーム

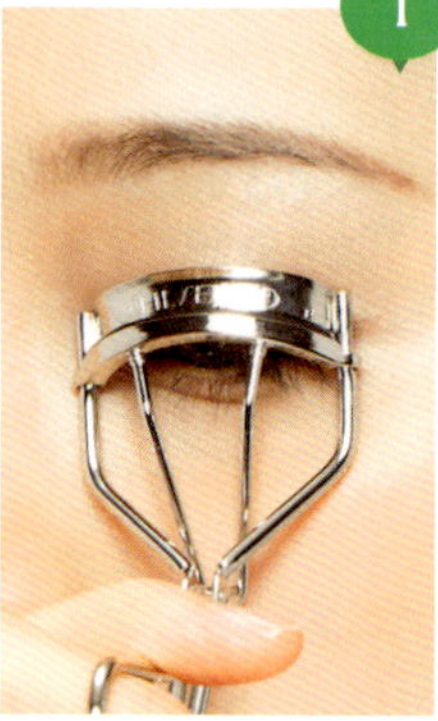

1 ビューラーでまつ毛の根もとを挟む

まつ毛の根もとをビューラーで挟んで力を入れます。ゴム部分の弾力を感じるくらいまでグッと力を入れます。

POINT
45度の角度にする。

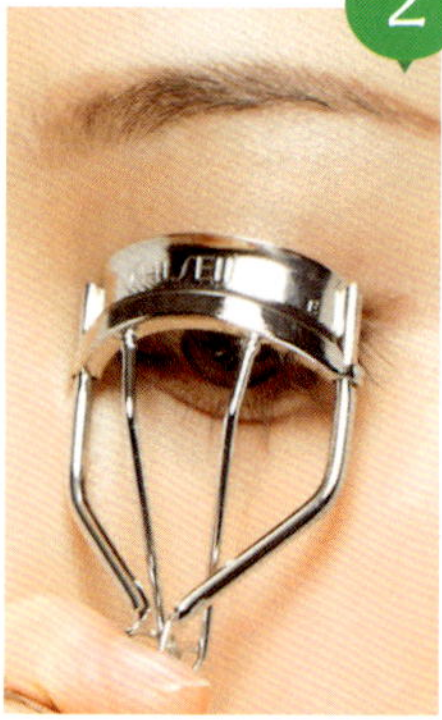

2 まつ毛の中央をカールする

ビューラーをまつ毛の中央部分までスライドさせ力を入れたまま、45度手首を返します。力加減は❶のときよりも少し軽めに。

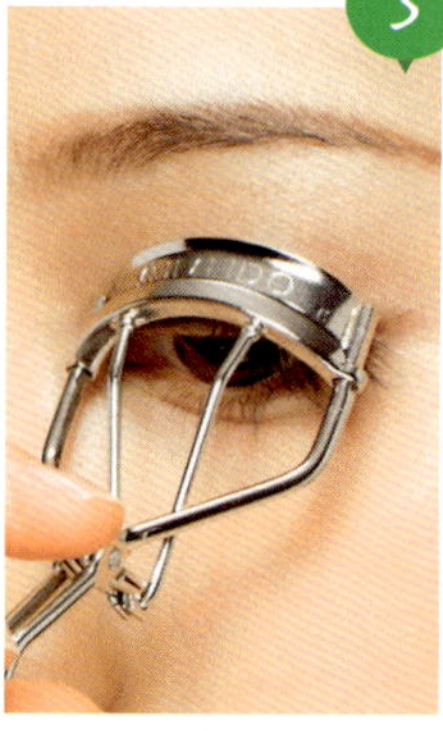

3 まつ毛の先をカールする

さらにビューラーをまつ毛の先までスライドさせ、力を入れながら90度手首を返します。力加減は❷のときよりも軽く、やさしくします。

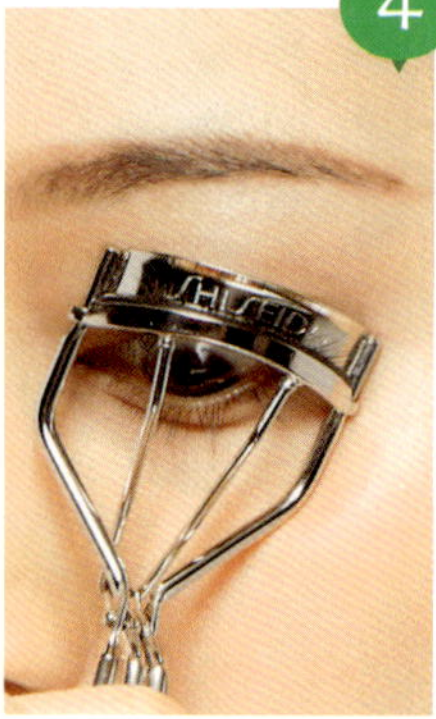

4 目尻側のまつ毛をカールする

目尻の形に合わせてビューラーを少し傾け、目尻側よりのまつ毛の根もと、中央、毛先を手順❶から❸と同じ要領でカールします。

5 上まつ毛の上側を塗る

上まつ毛の上側を、根もとから毛先までなでるように塗ります。塗りすぎるとまつ毛が重くなり下がってくるので軽く塗ります。

POINT
上側から塗るとカールが持続する。

6 上まつ毛の下側を塗る

上まつ毛の下側（目頭寄り）の根もとをマスカラで持ち上げたまま10秒待ちます。ブラシを左右に振り動かし、毛先まで塗るとムラなく塗れます。

POINT
まつ毛をしっかり広げながら塗る。

7

上まつ毛の下側目尻寄りを塗る

目尻寄りのまつ毛も❻と同じ手順で塗ります。まつ毛を少量ずつ扇のように広げながら塗っていきます。そのあと2～3回重ね塗りをします。

8

下まつ毛の上側を塗る

下まつ毛の上側は、根もとから毛先まで、上から下へブラシを動かしながら塗っていきます。量はマスカラ液が軽くつく程度で十分です。

9

下まつ毛の下側を塗る

下まつ毛の下側は、根元から毛先まで、まつ毛を少し持ち上げながら塗っていきます。肌にマスカラがつかないよう、事前にフェイスパウダーを目の下に塗っておきましょう。

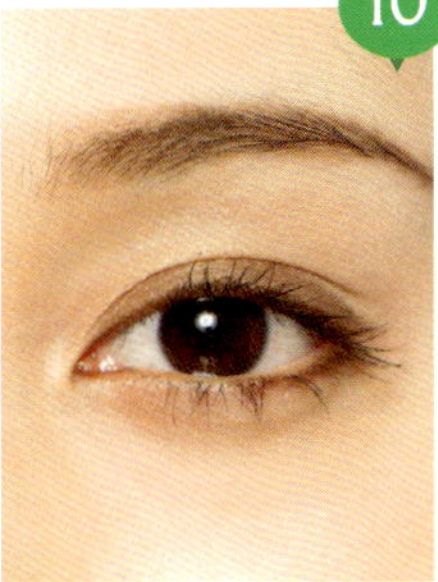

10

仕上がり

まつ毛にダマがついていないかをチェック。ダマになっていたら、マスカラ用コームでとかします。

そのほかのまつ毛メイク対処法

自分のまつ毛が少ないとき

自分のまつ毛が短かったり、量が少なくて悩んでいるときは、マスカラ用下地を、マスカラを塗る前に使ってみましょう。マスカラ用下地には細かい繊維が含まれていて、まつげ毛に塗ると繊維がからみつき、その上からマスカラを塗ると、マスカラ液がしっかりとつき、まつ毛が濃く、長くなります。

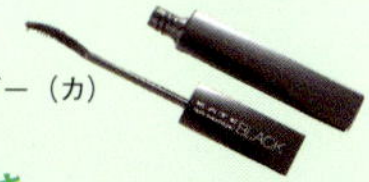

ケイト ラッシュマキシマイザー（カ）

ダマをなくしたいとき

右ページのプロセス❻のように、ブラシを左右に振りながらマスカラを塗ると、ムラなく塗れると同時に、ダマになりにくくなります。もしもダマになってしまったら、マスカラ液が固まらないうちに、ロングタイプのマスカラを左右に振りながら重ね塗りをするか、マスカラ用コームを使ってまつ毛をとかしましょう。ダマが解消されます。

つけまつ毛のつけ方

つけまつ毛は若者のアイテムと思われがちですが、まつ毛が少ない人や短い人、目を大きく見せたい人にとってはとても役に立ちます。使い方は、まず、なりたいイメージに合わせてつけまつ毛の種類を選びます。タイプはナチュラルから個性的なものまで、いろいろなデザインがあるので、なりたいイメージに合わせて選びます。つけ方のポイントは、つけまつ毛の芯を一度指に巻き付けて、カーブをしっかりとなじませることです。それだけで、自分の目の形に合わせやすくなります。

使用する道具／

ビューラー、マスカラ、つけまつ毛、のり（グルー）

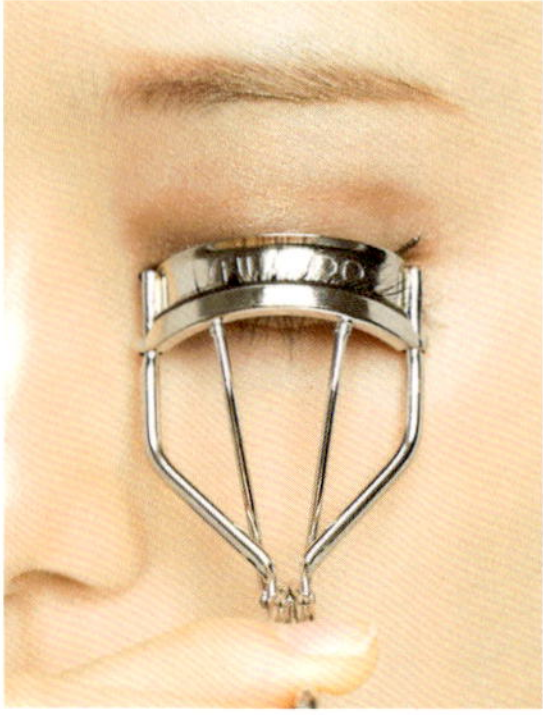

1

まつ毛をカールさせる

P62を参考に、まつ毛の根もと、中央、毛先に圧をかけ、まつ毛をカールさせます。

2

マスカラを塗りカールを固定

まつ毛の根もとから毛先までなでるようにマスカラを塗り、カールを固定します。

3

芯の部分をカーブさせる

人差し指につけまつ毛を巻きつけて、芯の部分をカーブさせます。こうすると芯がやわらかくなり、目にフィットしやすくなります。

POINT

目に合うように芯をなじませる。

つけまつ毛のつけ方のポイント

一気につけず、目頭からゆっくりとつけていくと失敗がありません。

4 のりをつける

つけまつ毛の芯全体にのり（グルー）をつけます。両端は少し多めにつけておくと、取れにくくなります。

5 目頭からつけていく

芯につけたのりが少し乾いてきたら、目を開けたまま目頭、中央、目尻の順につけまつ毛をつけます。

POINT
目頭が痛くないように、目頭から1～3mm開けたところ。

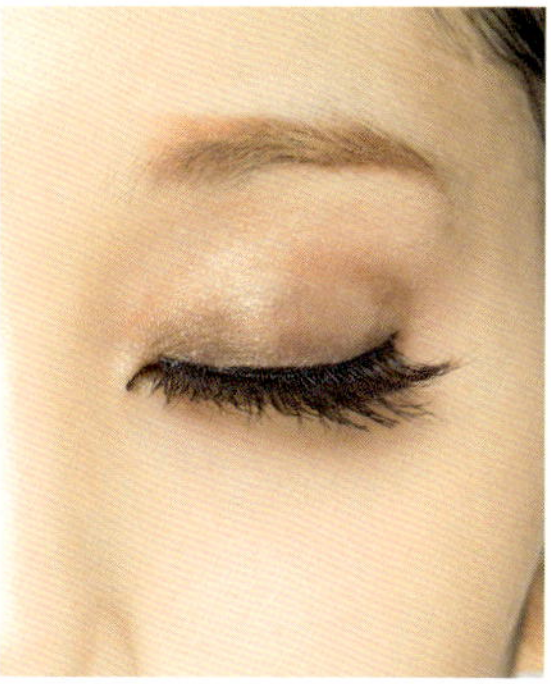

6 のりが乾くまで待つ

つけ終わったら、白いのりが透明になるまで待ちます。

7 仕上がり

目頭と目尻につけまつ毛がしっかりとついているか、確認をします。芯が目立つときは、芯の上からリキッドのアイラインでカバーします。

つけまつ毛の種類

つけまつ毛には全体用と部分用があります。様々なデザインの中から、なりたい目もとに合わせて選びましょう。

ナチュラルボリュームタイプ

自然なまつ毛のボリューム感を演出。まつ毛が少なくてまばらな人におすすめ。
#32 アイラッシュ（M）

ぱっちり目タイプ

長さとボリューム感を出すタイプ。目が大きく見えます。
#21 アイラッシュ（M）

目尻ボリュームタイプ

目尻にアクセントを置きたいときに。エレガントで大きな目に見えます。
アストレアヴィルゴ アイラッシュ プロフェッショナルセレクション NO.1（シ）

ナチュラルタイプ

毛の長さとボリューム感がオーソドックスなので、誰にでも似合います。初心者向け。
アストレアヴィルゴ アイラッシュ ナチュラルタイプ N8（シ）

印象別アイメイクの方法

アイメイクの塗り方を工夫して、雰囲気を変えたりなりたい顔をつくりましょう。

小顔に見える寄り目メイク

求心的で、強さときちんと感を与えます。

POINT
目頭を強調する。

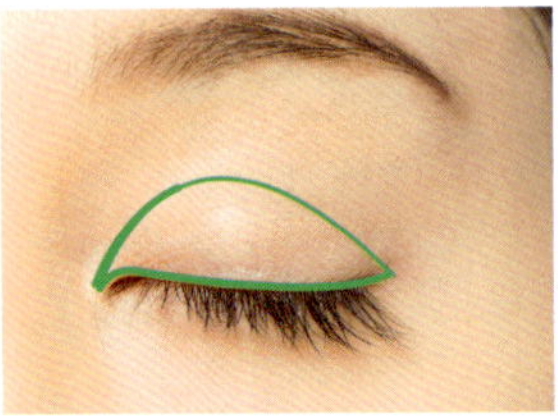

アイシャドウ（1色）

●目頭寄りが最も幅広くなるように、濃いめのアイシャドウをまぶたに丸くのせる。

アイライン（ペンシルタイプ）

●上まぶたの際にアイラインを引く。目尻から目頭に引いたあと、目頭だけ少し下まぶた方向へのばす。

マスカラ

●まつ毛全体に塗り、サラッと仕上げる。

ふんわり系の離れ目メイク

おっとりとしてやさしい印象を与えます。

POINT
目尻を強調する。

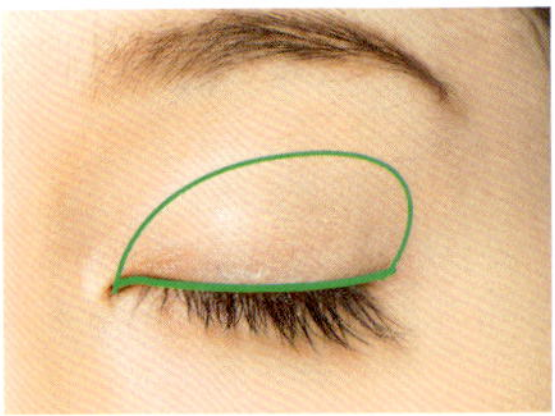

アイシャドウ（1色）

●目尻寄りが幅広くなるように、濃いめのアイシャドウをまぶたにだ円形にのせる。

アイライン（リキッドタイプ）

●上まぶたの際にアイラインを引く。目頭から目尻に引いたあと、目尻だけ少しのばして、跳ね上げる。

マスカラ

●まつ毛全体に塗ったあと、目尻だけ重ね塗りをする。

甘え上手なたれ目メイク

かわいくはかなげなイメージを与えます。

POINT
下まぶたに影をつくる。

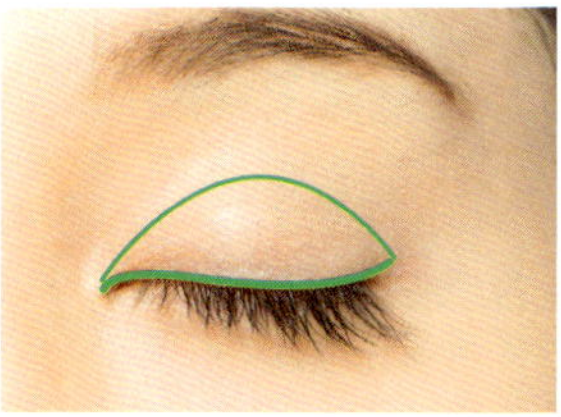

アイシャドウ（1色）

● 目の中央がもっとも幅広くなるように、濃いめのアイシャドウをまぶたに丸くのせる。

●下まぶたの目尻から目の中央まで、上まぶたと同じアイシャドウをのせる。目尻は、上まぶたのアイシャドウとつなげる。

アイライン（ペンシルタイプ）

● 上まぶたの際にアイラインを引く。目頭から目尻に引いたあと、目を開けたまま、目尻だけ目の形に添って下げながら少しのばす。

マスカラ

●まつ毛全体に塗ったあと、目尻だけ重ね塗りをする。

クール系の上がり目メイク

強くて意志の強いイメージを与えます。

POINT
目を開けたときに、目尻から、上方向へ広がる色が見えるように入れる。

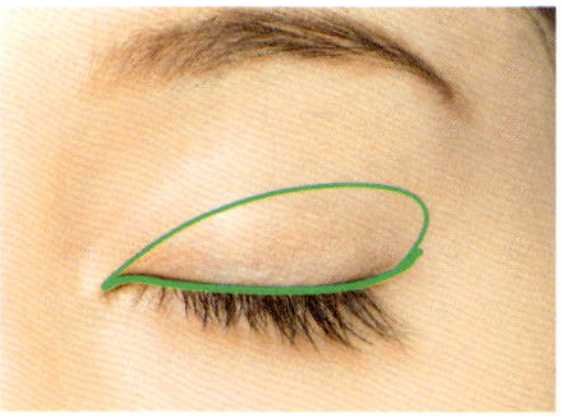

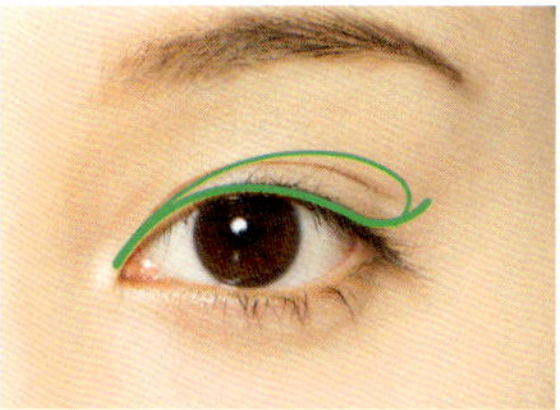

アイシャドウ（1色）

● 目尻寄りがもっとも幅広く、高くなるように、濃いめのアイシャドウをまぶたにだ円形にのせる。

● 下まぶたの、目尻寄りの涙袋のあたりの影を取るために、明るめの色をのせる。

アイライン（リキッドタイプ）

● 上まぶたの際にアイラインを引く。目頭から目尻に引いたあと、目尻だけのばして、上へ跳ね上げる。跳ね上げた部分のラインを太くする。

マスカラ

●まつ毛全体に塗り、サラッと仕上げる。

もっと知りたい!

アイライン編

アイラインのことで、気になる疑問に関して答えます。

Q1 アイラインが下まぶたに落ちてきて、パンダ目になってしまいます……。

A 下まぶたにフェイスパウダーをしっかり塗りましょう。

アイラインペンシルで描いたあとに、ラインを綿棒で軽く押さえます。これだけでも落ちにくくなります。また、下まぶたのクリームまたはリキッドのファンデーションの油分で、アイラインの成分が溶けて落ちてしまうこともあるので、下まぶたにフェイスパウダーをしっかりのせておきます。さらに、メイク直しのときには涙袋や細かいシワ部分もしっかりフェイスパウダーでカバーしておきましょう。

Q2 リキッドタイプのラインを失敗したときは？

A お湯で落ちるタイプなら乾いた綿棒で、落ちにくいタイプはファンデで落とします。

使っているリキッドアイライナーがお湯で落ちるタイプであれば、あわてずに少し時間を置き、アイラインが固まったら、乾いた綿棒で軽くこすって落とします。落ちにくいタイプの場合は、クリームまたはリキッドファンデーションを綿棒につけて、アイラインを軽くこすれば、油分の働きである程度は落ちるので、落とした部分にファンデーションを重ね塗りして、再度アイラインを描きます。

Q3 跳ね上げラインを上手に入れる方法は？

A 跳ね上げる部分のラインを先に描くと上手くできます。

目尻の跳ね上げる部分だけを、先に描きます。上まぶたを少し上へ持ち上げたまま、目尻から3㎜くらいやや上向きのラインを描きます。そのあと、目頭から目尻へ向けてアイラインを描き、先に描いた跳ね上げラインへとつなげると楽にできます。どうしても自信がないときは、ペンシルタイプのアイライナーを使って描き、失敗したら綿棒でぼかしてから、その上から重ねて描きましょう。慣れてきたら、ジェルタイプやリキッドタイプにも挑戦してみましょう。

跳ね上げラインの太さはあとから足すことで調整を。

Q4 ジェルライナーはどんなときに使うのですか？

A　ラインの色をキレイに見せたいときや跳ね上げラインを描くときに便利です。

ジェルライナーは落ちにくさとしっかりした発色が魅力のアイライナーです。スキのない目力がほしいとき、目のフレームをはっきりさせたいときにはジェルライナーで粘膜にラインを引くこともできます。リキッドアイライナーが苦手な初心者におすすめです。

ケイト
スリムジェルライナーペンシル（カ）

Q5 目が大きくて、アイラインが似合わない……。

A　黒以外の明るい色を使うか、アイラインの代わりにアイシャドウを使います。

アイラインを入れることで、やりすぎメイクに見えてしまうならば、引き算でメイクをします。黒ではなく、ブラウン、オリーブ、ネイビーなど明るめの色のアイライナーを使ってみましょう。または、アイラインを引かずにアイシャドウの濃い色（締め色）を目の際にのせてラインの代わりにする方法も。そもそもラインを引かなくてもはっきりした目もとならば、アイラインを入れないメイクで十分かもしれません。アイラインは必ずしも入れなくてはいけないものではないからです。

もっと知りたい！

アイシャドウ・マスカラ・まつ毛編

アイシャドウ・マスカラ・まつ毛のことで、気になる疑問に関して答えます。

Q1 とにかく大きな目に見せたいんです！

A 下まぶたのメイクと目尻が長めのアイラインで大きな目がつくれます。

パッと見たときに、メイクをしているところまでが目の大きさに見えます。これを利用して下まつ毛まで「目」に見せましょう。ブラウンのアイシャドウを下まぶたに入れ、涙袋を明るくぷっくりさせると、目の立て幅が大きく見えてきます。上下のまつ毛もビューラーでしっかりカールしたあと、上下へまつ毛を広げるようにマスカラを塗ります。さらに、目尻のメイクを5㎜ほどのばして、横幅も大きく見せれば、1.5倍の大きさになります。

Q2 マスカラだけで、長くて濃厚なまつ毛をつくれますか？

A ロングタイプとボリュームタイプの2本使いならできます。

ロングタイプとボリュームタイプのマスカラの2本使いをしてみましょう。まずは、ボリュームタイプのマスカラをまつ毛に塗り、量感を出しておきます。次に、ロングタイプ（繊維入り）を使って、長さを出していきます。この順番で2種類のマスカラを使うと、自然なのに長くて濃厚なまつ毛を演出することができます。さらに、マスカラを塗る前に繊維入りのマスカラ用下地を塗っておくと、より効果的です。

Q3 パールの入ったキラキラアイシャドウやアイライナーを上手に使うコツは？

A アイシャドウなら微ラメ、微パールに。アイライナーは部分使いにすると効果的です。

キラキラとしたアイシャドウやアイライナー使うを場合は、キラキラ部分のラメやパールが自分の肌の色に合うものを選ぶと、なじんだ仕上がりに。イエローベースならゴールド、ブルーベースならシルバーがおすすめです。また、ラメやパールが大粒すぎると毛穴やシワなどが目立つので微ラメ、微パールを用いると肌がキレイに見えます。カラーライナーの場合は、大人っぽく使いたいならば、ベーシックなアイシャドウと合わせて、目の粘膜のみ、下まぶたのみなど部分使いをするとさりげなくナチュラルに使えます。

Q4 ホットビューラーを上手に使う方法は？

A まつ毛の根もと、真ん中、毛先のいずれかのみカールしましょう。

熱の力でまつ毛をカールさせるホットビューラーは、まつ毛のどの部分に当てるかによって、カールの強さが変わってきます。しっかりとまつ毛をカールさせたいときはまつ毛の根もと、軽くカールさせたいときはまつ毛の中間部分または毛先のみに当てましょう。長い時間ホットビューラーをまつ毛に当てると毛が痛むので、製品の説明書通りの使い方を守るようにします。

Q5 まつ毛エクステやパーマを上手に利用する方法は？

A まつ毛が弱っているときや、一時的に増やしたいときの利用がおすすめです。

まつ毛のエクステンションは、化学繊維などでできたまつ毛を、のり（グルー）を使って自分のまつ毛につけることをいいます。一度つけると数週間もつため、その間は長くて密度のあるまつ毛を楽しめます。定期的に付け替えて美しく保つこともできますが、弱っているまつ毛にメイクをしたくないときや、特別な日だけ楽しみたいときに利用してみるのもよいでしょう。まつ毛パーマ（カール）はクセづけをしたいときに。こちらもまつ毛には負担があるので一時期だけ行うのがおすすめです。

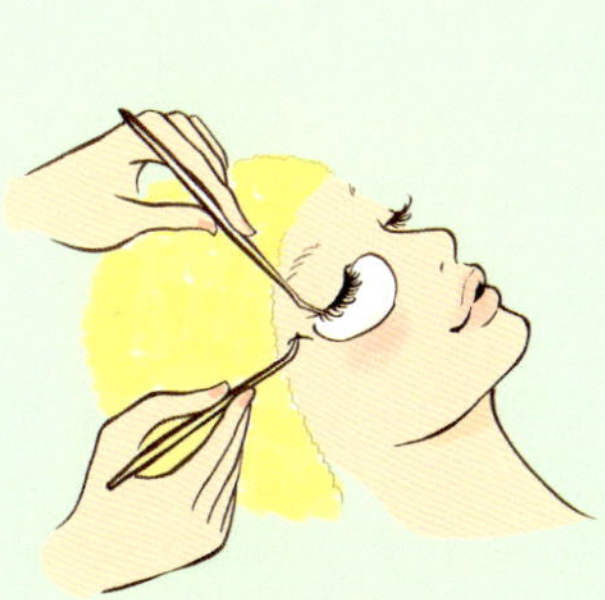

Chapter 3

チーク＆リップメイクの基本

肌にのせていないと顔色が悪く、疲れた印象に見えるチークとリップは、肌の血色をよく、生き生きと見せる、ナチュラルメイクには欠かせないアイテムです。チークは、塗るだけで自然に立体感を出すこともできます。よりメリハリをつけたいときは、ハイライトとローライトを使ってみましょう。

チーク＆リップメイクの手順

チーク、ハイライト＆ローライト、リップメイクの手順は、まずチークを入れて肌に血色と立体感をプラスします。より一層目鼻立ちを印象的にしたいときは、ハイライトやローライトを入れます。最後にリップを塗り、より生き生きとした顔に仕上げます。

リップとチークで仕上げる場合

P74 ～　**チーク**

▼

P86 ～　**リップ**

チーク、ハイライト＆ローライト、リップで仕上げる場合

P74 ～　**チーク**

▼

P82 ～　**ハイライト**

▼

P82 ～　**ローライト**

▼

P86 ～　**リップ**

チーク＆リップメイクで悩まないために覚えておきたい3つのポイント

顔の輪郭を変えるチーク

チークは、入れる箇所や色次第で、顔の輪郭を変えて見せることができるアイテム。ローライトの働きもするので、無理に影をつくったり、ハイライトを入れるよりも、チークで血色をよく見せながら立体感を出すほうが健康的なイメージになります。

明暗で立体感を

ハイライト＆ローライトは、必要な部分のみに使います。たとえば、鼻を高く見せたいときは、目頭の凹みから眉と鼻に向かってノーズシャドウを入れるだけで十分です。使いすぎは不自然な印象になるので、加減をマスターしましょう。

本当の唇の大きさを知る

自分の唇の本当の大きさは、ピンク色に見える部分だけではありません。よく見るとピンク色の部分よりも唇の膨らみはあります。膨らみ全体を唇ととらえてリップメイクをするとふっくらとキレイな形に仕上がります。

チーク

肌のトーンに合う色を選び、なりたいイメージに合う位置に入れる

　チークには、肌に自然な血色を与えたり、顔を立体的に見せる効果があります。種類はパウダータイプとクリームタイプ（練りタイプ）がありますが、どちらも上手に入れるポイントは、色選びと入れる範囲にあります。チークの色選びについては、自分の肌のトーンに必ず合わせることが大切です。色が合うとチークが浮いて見えるといった悩みを解消することができます。次に、チークを入れる位置と広さを計算します。入れる位置でイメージがぐんと変わるので、使い分けられるようにしましょう。パウダータイプはチークブラシを使って入れますが、どうしてもナチュラルに入れられない人には質のよいチークブラシを使うことをおすすめします。たっぷりと粉を含んで肌にふんわりとのせることができる太めのチークブラシなら、どんな人でも上手に肌にチークをのせることができます。

　クリームタイプは指に取って肌をトントンと叩くようにしてのせると、自然な明るさを肌に与えることができます。

チークの種類と特徴

チークには大きくわけてパウダータイプとクリームタイプ（練りタイプとも呼びます）があります。パウダータイプは、フェイスパウダーやパウダーファンデーションの上から塗るときれいに仕上がります。クリームタイプは、クリームまたはリキッドファンデーションやBBクリームのあとに使うのがおすすめです。

パウダータイプ

濃淡を出すのが得意。色みを伝えたいときに役立つ。
プラスオーラ ナチュラルブラッシュ ローズ（MT）

クリームタイプ

血色やツヤを与えたいときに。薄く均一にのびる。
エスプリーク メルティフィックス チーク RO600（コ）

チークの色と入れる位置の選び方

チークの色選びは、P18で自分の肌のタイプがイエローベース、ブルーベースのどちらであるか確認してから、以下を参考に合う色を見つけましょう。

チークを入れる位置は、基本の入れ方に加えて次の3種類を知っておくと、なりたいイメージづくりに役立ちます。

ブルーベースの肌におすすめの色

ピンク～ローズ寄りの色

右から時計回りに
パウダーブラッシュ ラブクラウド（M）、
ブラッシングブラッシュ110（ク）、
コフレドール スマイルアップチークス03（カ）

イエローベースの肌におすすめの色

オレンジ～ブラウン寄りの色

右から時計回りに
ポップチーク バージンピーチ（パ）、
ブラッシングブラッシュ104（ク）、
コフレドール スマイルアップチークス02（カ）

血色よく見せる小鼻ラインチーク

頬骨と小鼻を結ぶラインに入れます。アーモンド型に入れるのがコツ。横幅を生かすのでふっくらと丸いイメージになり、面長やベース型のカバーにも向いています。

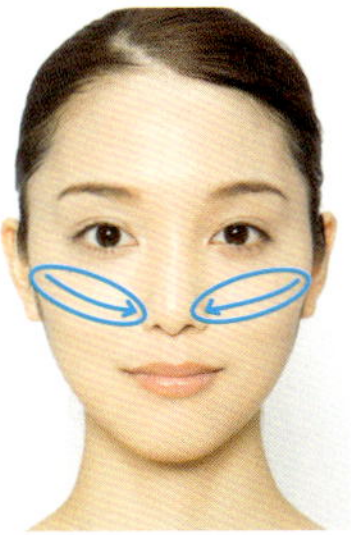

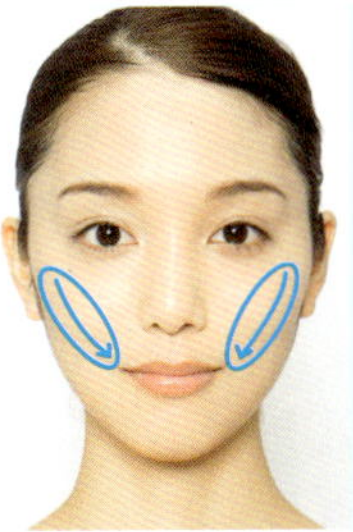

基本のチーク

頬骨と口角を結ぶラインに入れます。自分の顔を生かす基本の入れ方です。

かわいいイメージをつくる頬骨チーク

頬骨の高いところに丸く入れます。位置が低いとイメージが変わるので高めに入れるのがコツ。頬の位置が高く見え、顔の中心に視線が集まるので若々しくかわいいイメージになります。

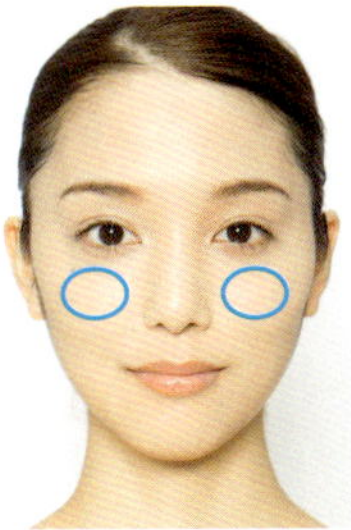

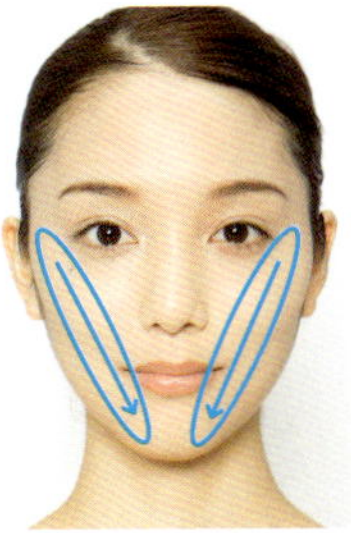

シャープなイメージをつくるあごラインチーク

頬骨とあごを結ぶラインに入れます。フェイスライン側は丸くふくらむように入れるのがコツ。縦のラインが強調され、シャープなイメージになるので、丸顔のカバーにも向いています。

種類別チークの入れ方

チークにはパウダータイプとクリーム（練り）タイプがあります。それぞれの特徴を生かした入れ方を紹介します。

パウダーチークの入れ方のポイント

ブラシに適量を含ませて、上下左右に動かしながらのせていきます。

使用する道具／パウダーチーク、チークブラシ

1

チークをブラシに含ませる

チークの面に対してブラシを垂直にします。チークの表面を丸くなでて、ブラシの毛の中にまでたっぷりと含ませます。

2

手の甲で粉の量を整える

手の甲またはティッシュペーパーで、ブラシを２～３回ポンポンとはたき、粉の量を適量に調整します。

3

目の下からスタート

正面を向いたときの黒目の真下から1㎝開けたところに、ブラシの中心を縦に寝かせて置きます。ここがスタート地点です。

4

頬骨の高い位置まで塗る

スタート地点から頬骨の高い位置（写真でブラシが置いてある部分）まで、ブラシを上下に動かしながら横にスライドさせて塗ります。

5

楕円形に仕上げる

ふんわりとした楕円形をイメージして、チークとファンデーションの境目をぼかします。

6

仕上がり

正面から見たときに左右対称にチークが入っているかをチェックして、完成です。

クリーム（練り）チークの入れ方のポイント

指先に取り、頬を軽く叩くようにして塗ります。

使用する道具／クリーム（練り）チーク

1 指に取る

中指と薬指でチークを軽くこすり取ります。そのまま顔につけると濃くなるので、一度、手の甲にのせてチークの量を調整してから、肌にのせます。

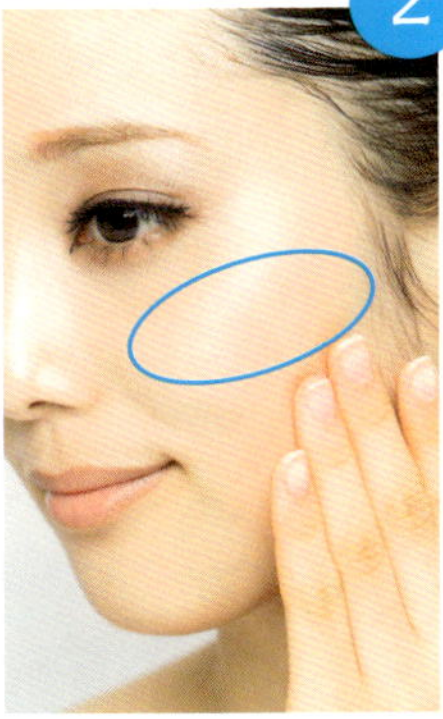

2 軽く叩いてのせる

正面を向いたときの黒目の下あたりから頬骨まで、肌を軽く叩きながら楕円形に入れます。

3 輪郭をなじませる

❷で入れたチークとファンデーションの境目を指先で軽くさすり、なじませます。

4 仕上がり

チークがムラになっていないかをチェック。気になる部分は指でぼかします。ツヤのある、血色のよい肌に仕上がります。

ポンポンチークの上手なつけ方

パウダーチークの中でも、パフを使って直接肌にのせるタイプがあります。手軽さから最近は人気のアイテムですが、パフの動かし方によって、チークの肌へのつき方が異なることを覚えておきましょう。

たとえば、薄づきにしたい場合は、パフをあまり肌から離さずに、小刻みに動かしてのせていきます。こうすると、ナチュラルな血色や立体感が演出できます。少し濃くのせたいときは、肌から少しパフを離してポンポンとのせます。ガーリーに仕上げたいときに効果的です。

ミネラルカラーチーク 09（Mi）

顔型別チークの入れ方

チークの入れ方次第で顔型を生かしたり、カバーすることができます。そのテクニックを紹介します。

丸顔

丸顔をカバーする

丸い顔をほっそりと見せたいときは、縦のラインを強調させるあごラインチーク(P75 参照)を入れます。フェイスラインをシャープに見せる効果があります。

位置

頬骨とあごを結ぶラインに入れます。

テクニック

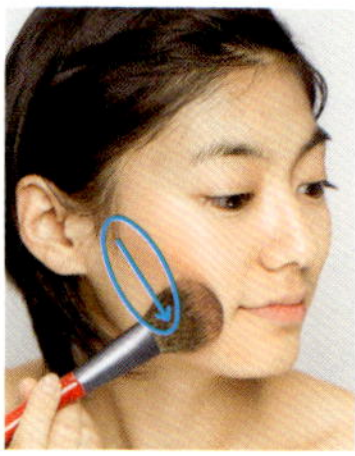

楕円形になるように、フェイスライン側がふくらむように。

仕上がり

丸い頬がすっきりとして、小顔に見えます。キリッと引き締まった印象に。

丸顔を生かす

丸顔特有のやさしいメージを生かすときは、チークも丸く入れます。ただ頬の高い位置に入れると子どもっぽくなりすぎるため、少し低い位置に入れるのがコツ。大人っぽくさせたい場合は、少しくすんだ色を選びましょう。

位置

頬骨の位置に、大きめに丸く入れます。

テクニック

高すぎない位置で、少しフェイスライン側にします。

仕上がり

ふっくらとした輪郭が、親しみやすく可憐なイメージに。

面長顔

面長顔をカバーする

面長顔の縦の長さを短く見せたいときは、縦のラインを分断させる小鼻ラインチーク（P75 参照）を入れます。ふっくらと丸いイメージになります。

位置

頬骨と小鼻を結ぶラインに入れます。

テクニック

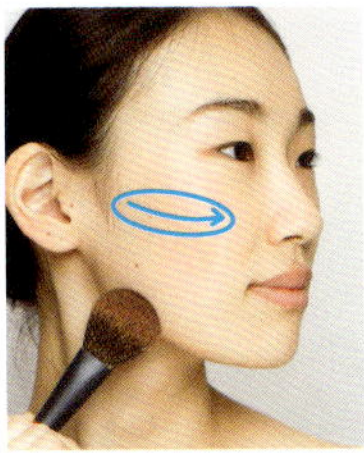

丸みのあるアーモンド型になるように入れます。

仕上がり

面長な顔がふっくらと見え、明るさと若々しさを演出。小顔効果もあります。

面長顔を生かす

面長顔を上品に演出したいときは、縦のラインを強調させるあごラインチーク（P75 参照）を入れます。楕円形に入れることでやわらかいイメージもプラスされます。

位置

頬骨とあごを結ぶラインに入れます。

テクニック

頬骨の下から入れ始めます。楕円形になるように入れます。

仕上がり

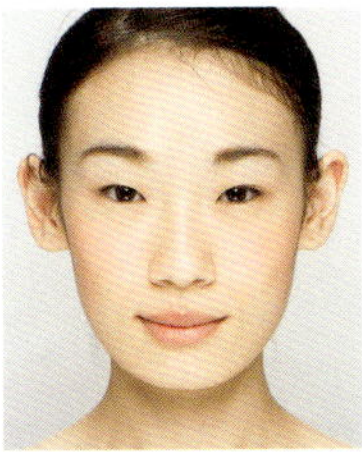

美人顔ともいわれる面長顔が、やさしくて品のある女性らしい顔に。

逆三角顔

逆三角顔をカバーする

頬からあごまでのラインをふっくらと見せたいときは、基本のチークの入れ方と同様に、頬骨と口角を結ぶラインに入れます。ただし、できるだけ頬骨部分を広めのしずく型にして、フェイスラインに丸みをもたせます。

位置

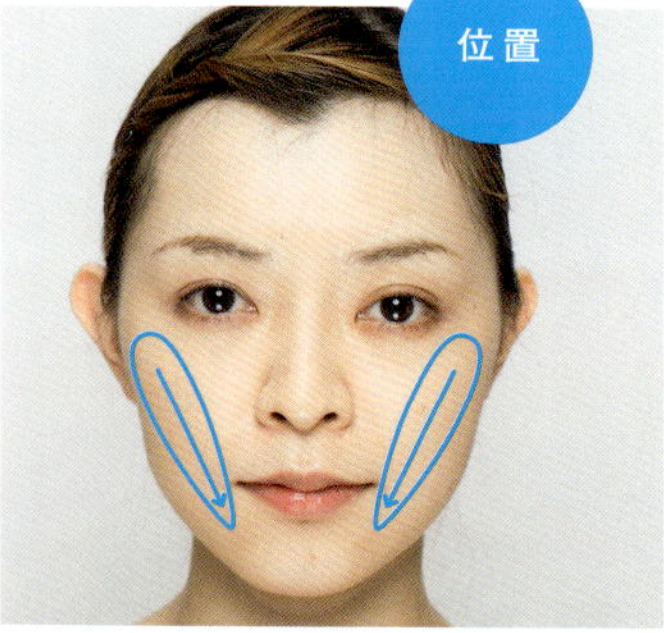

頬骨と口角を結ぶラインに入れます。

テクニック

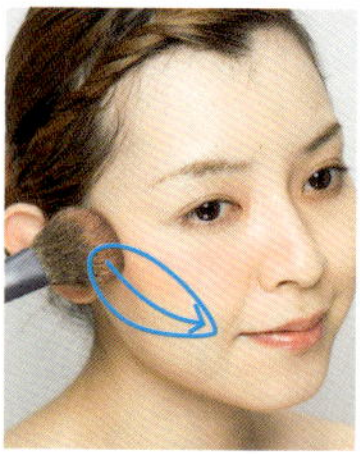

頬骨部分が広めのしずく型になるように入れます。

仕上がり

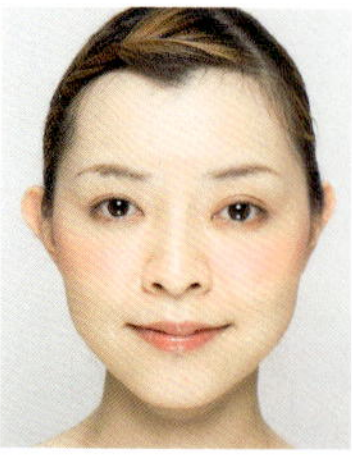

頬に丸さがプラスされたように見え、ふっくらやさしいイメージに。

逆三角顔を生かす

あごが尖ったシャープなイメージを生かすときは、チークは頬骨を起点に三角形に入れます。頬骨部分をより広く見せることで、すっきりとしたあごが強調され、引き締まったイメージになります。

位置

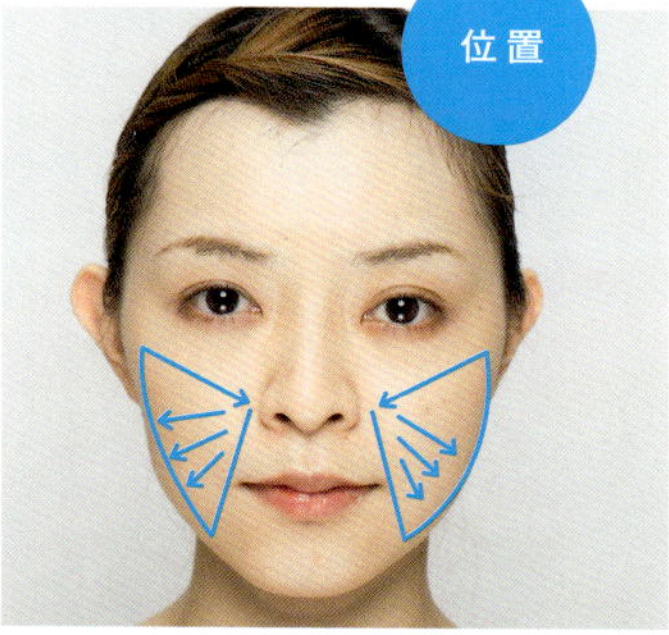

頬骨の高い位置から鼻に向かって横へ入れ、さらに鼻の横から頬全体に放射状に広げます。

テクニック

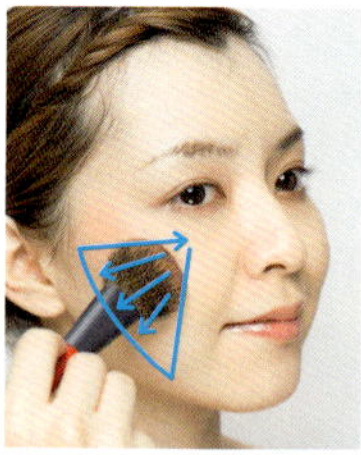

三角形になるようにぼかします。

仕上がり

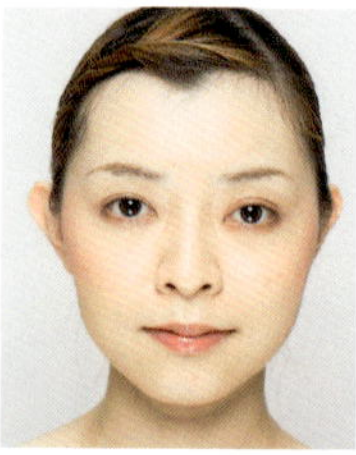

すっきりとしたあごのラインで、美人度アップ。キリッとした印象に。

ベース型顔

ベース型顔をカバーする

えらが張っている部分を丸く見せたいときは、小鼻ラインチーク（P75参照）を入れます。縦のラインが分断されると同時に横への広がりを与えるため、頬がふっくらとしたやわらかい印象がつくれます。

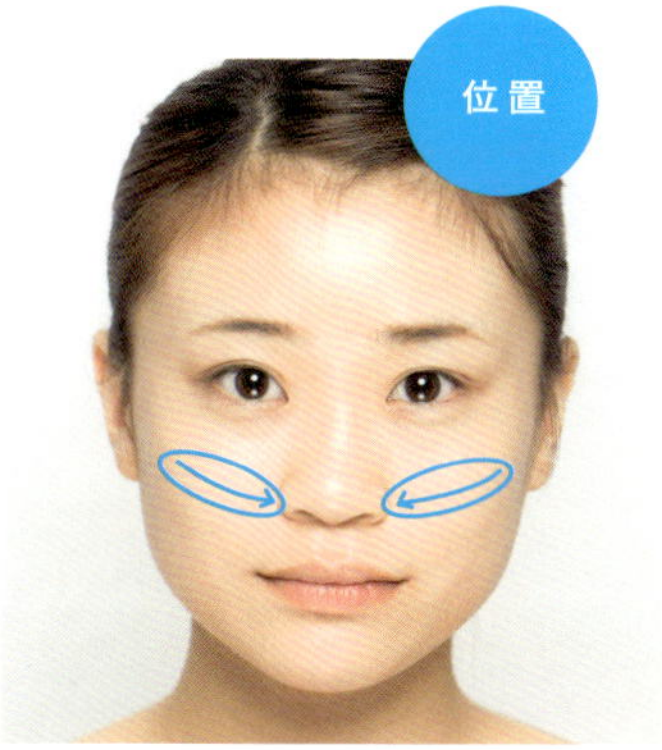

頬骨と小鼻を結ぶラインに入れます。

テクニック

丸みのあるアーモンド型になるように入れます。

仕上がり

えらがカバーでき、丸顔に近い印象に。やさしく、女性的なイメージに。

ベース型顔を生かす

しっかりとした印象を与えるスクエアなイメージを生かすときは、頬骨と口角を結ぶラインに入れます（P75の基本の入れ方です）。女性らしいやわらかさを足したいときは、フェイスライン側だけ丸みをもたせた形にします。

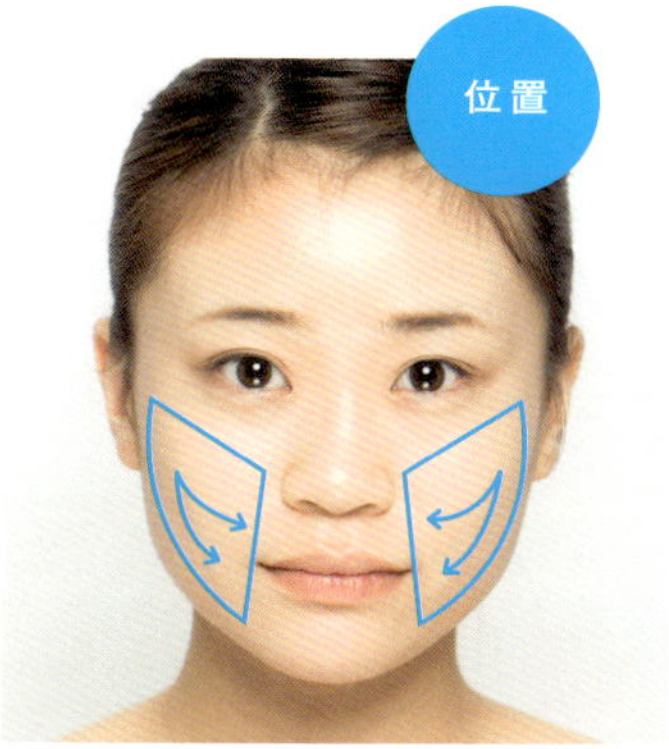

頬骨と口角を結ぶラインに入れます。

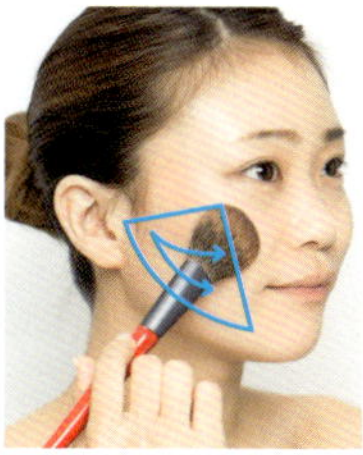

テクニック

顔の内側にはあまり入れず、フェイスライン側に丸く入れていきます。

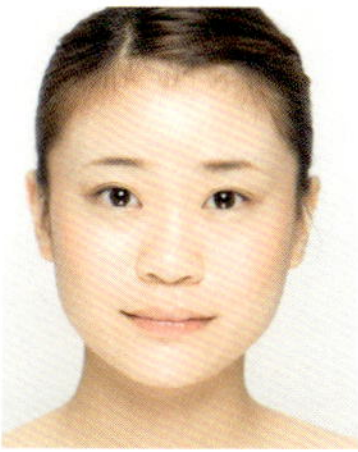

仕上がり

重厚感のある四角いフェイスライン。責任感の強さやしっかり感が出ます。

ハイライト＆ローライト

自分のトーンに合う色を選び、なりたいイメージに合う位置に入れる

より立体感のあるメイクをしたいときに役に立つのが、ハイライトとローライト（またはシェーディング）です。ハイライトは、高く、広く、大きく見せたいところに入れます。そのため、色は自分の肌の色よりも明るめのベージュやブラウン、白にします。パール入りを使うと透明感もプラスされます。ローライトは反対に、低く、狭く、小さく見せたいところに入れるので、自分の肌の色よりも1～2段暗いブラウン系を使います。

塗るときはどちらも、しっかりと色の効果を出しながらも、入れていることが目立たないようにふんわりとぼかしながら入れるのがポイントです。そのためには、粉含みのよいフェイスブラシにハイライトもしくはローライト含ませたら、一度手の甲ではたいて、余分な粉を落としてから適量をのせていきます。

気をつけたいのは、顔が細い人や額が狭い人のローライト使いです。健康的なイメージからかけ離れてしまうこともあるので、その場合は、ハイライトだけを使いましょう。

ハイライトとローライト用の化粧品の選び方

ハイライトは白が基本ですが、あまり目立たせず、ほんのりとハイライト効果をもたせたいときは、明るいベージュ系の色がおすすめです。ローライトは自分の肌よりもワントーン濃い色が基本です。濃すぎると肌の色との差が目立つことがあるので注意を。

ローライト用

ローライト用パウダー。肌よりも一段濃い色がおすすめです。
ミネラライズ スキンフィニッシュ / ナチュラル ミディアムダーク（M）

ハイライトとローライト両用

ハイライトとローライトがセットされたタイプ。メイク直しにも便利。
ケイト スリムクリエイトパウダー EX-1（カ）

ハイライトの入れ方のポイント

ハイライトは、高く、広く、大きく見せたいところに入れます。代表的な最適ゾーンは以下の３か所です。顔全体を立体的に見せたいときは、３か所全てにハイライトを入れます。

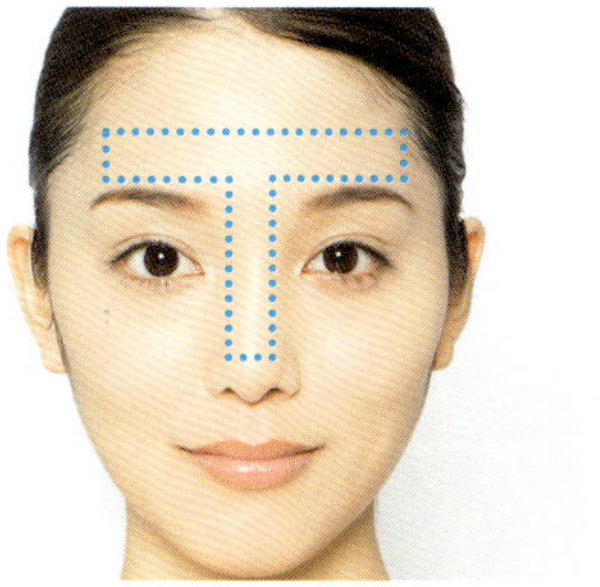

Tゾーン

入れる場所　額から鼻にかけて入れます。

効果　鼻が高く見え、額が広くふっくらと見えます。

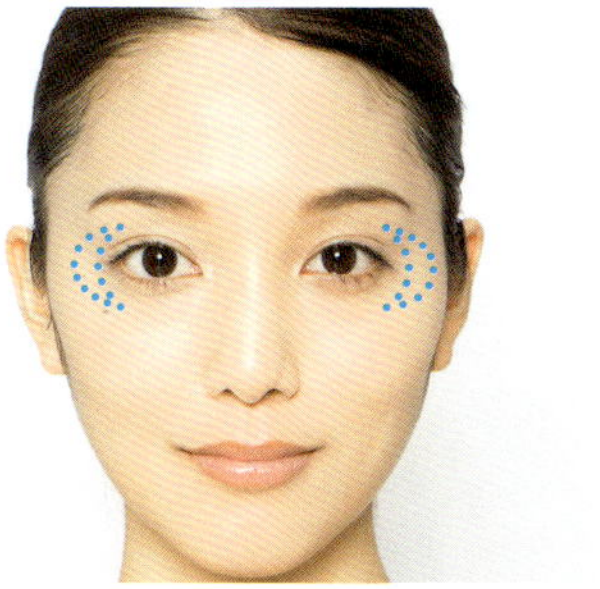

Cゾーン

入れる場所　目尻を囲むようにCの形に入れます。

効果　ツヤ感のある肌に見え、若々しい印象になります。

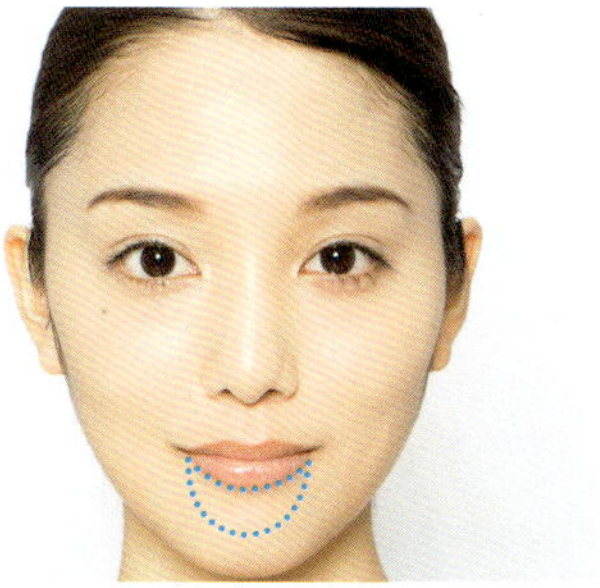

唇の下

入れる場所　唇の下の中央部分に入れます。

効果　あごが広く見え、面長な顔に見えます。

ハイライトやローライトの質感選びのコツは？

パール感のあるハイライトやローライトは肌にツヤを与えるため、肌の乾燥が気になるときにおすすめです。ただし、毛穴やシワ、ニキビ痕など肌の凹凸がある部分に使うと、凹凸をかえって目立たせてしまいます。この場合は、マットまたは微パールタイプを選びましょう。

ミネラライズ スキンフィニッシュ ライトスカペード（M）

ローライトの入れ方のポイント

ローライトは低く、狭く、小さく見せたいところに入れます。代表的なゾーンは以下の４か所。顔全体を立体的に見せたいときは、こめかみ、額の生え際、フェイスラインに入れます。さらに鼻の付け根にも入れると、“ハーフ”のように彫りの深い顔が演出できます。

こめかみ

入れる場所　こめかみの凹んでいる部分に入れます。

効果　目もとの立体感が出て、彫りが深く見えます。

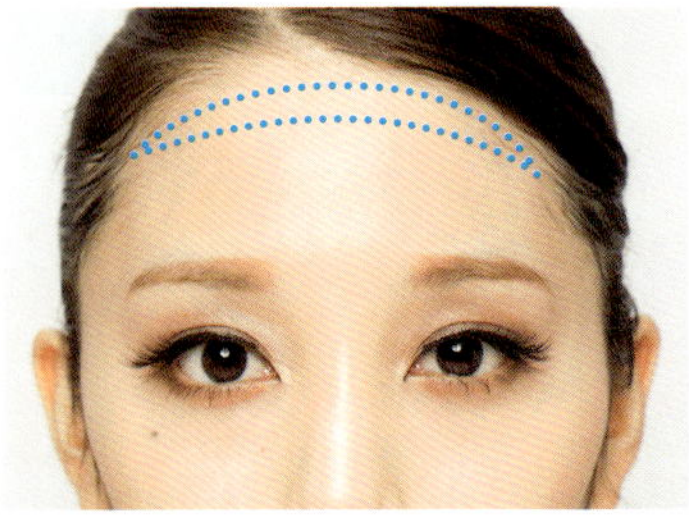

額の生え際

入れる場所　額の生え際に沿って入れます。

効果　額の広さをカバーします。

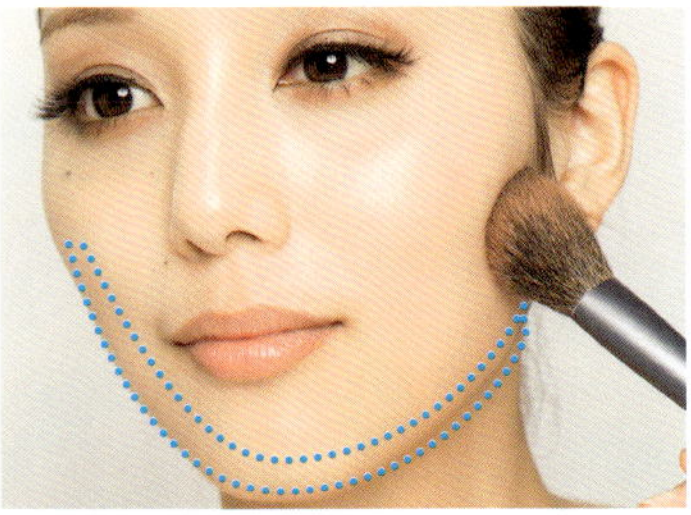

フェイスライン

入れる場所　耳の下から反対側の耳の下まで入れます。

効果　えらをカバーして、小顔に見せます。

眉から鼻の中央のライン

入れる場所　目頭の凹みをもっとも濃く入れ、そこから眉下と鼻に向けてグラデーション（ノーズシャドウ）をつけます。

効果　両目が近づいたように見え、彫りの深い目もとを演出します。

ハイライト & ローライトの基本プロセスのポイント

ハイライトとローライトの順番は、どちらが先でもかまいません。

使用する道具 / ハイライト、ローライト、フェイスブラシ、ローライト用ブラシ（2本）

1

こめかみに入れる

ローライトをブラシに取り、こめかみの凹んでいる部分に入れます。より凹ませて、メリハリをつけます。

2

生え際に入れる

ローライトをブラシに取り、額の生え際に沿って、ふんわりと自然な影になるように入れます。

3

フェイスラインに入れる

ローライトをブラシに取り、耳の下から反対側の耳の下まで入れます。フェイスラインを削るようなイメージで、ふんわりと入れます。

4

目頭を中心に眉と鼻に向けて入れる

より立体感を出すために、ブラシに取ったローライトを目頭に凹みにのせたあと、眉と鼻に向けてグラデーションになるように入れます。

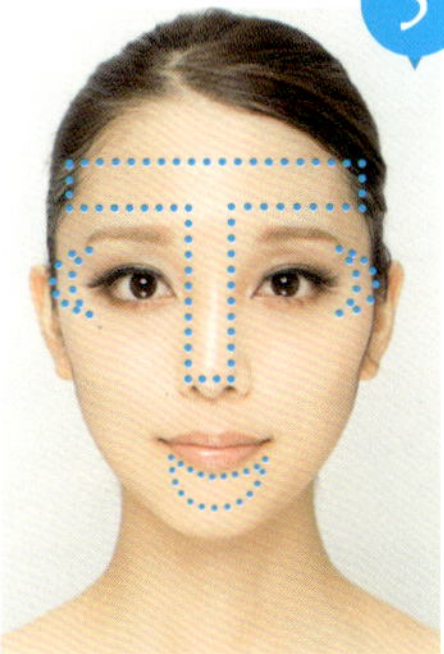

5

ハイライトを入れる

ハイライトをTゾーン、目尻を囲むCゾーン、唇の下部に入れます。ローライトとのコントラストで、塗った部分がより広く、高く見え、立体感が出ます。

6

仕上がり

ローライトとハイライトが不自然に目立っていないかをチェック。目立つ場合は、境目を少しぼかすようにします。

リップ

自分の唇の大きさを正しく知ったうえで リップラインをキレイに取って仕上げる

リップを上手に塗るためには、まず自分の唇の本当の大きさを知りましょう。ピンク色の部分のみが唇ではありません。よく見ると唇の膨らみは、ピンク色ではない部分も含まれます。この膨らみ全体を唇と考えましょう。「もともと唇が大きいのにピンクの部分よりももっと大きく描くなんて嫌……」と思う人もいるでしょうが、わざと小さく描くよりも正しい大きさで描いて、色選びなどで小さく見せるほうが大きさが強調されず、魅力的な唇になります。

また、描くときは特にリップラインをていねいに描きましょう。ここがキレイに描けていると、きちんと感がアップします。リップラインを描くのが苦手な人や濃い色を塗る場合は、まずは唇の内側から塗り始め、そのあとリップラインを塗るようにしましょう。唇の中心が塗ってあると唇の大きさがわかりやすくなるので、リップラインがぐんと描きやすくなります。口角、上唇のMライン、下唇の底をきちんとつなげて、キレイなラインを描ける練習をしましょう。

リップの種類と特徴

リップには、大きく分けて口紅（スティックタイプ）、リップペンシル、リップグロス、リキッドタイプがあります。それぞれ単独でも、組み合わせて使うこともできます。

口紅

リップブラシを使って塗るか、直に唇に塗ることができます。

ミネラライズ リッチ リップスティック（M）

リップペンシル

リップラインをはっきりとキレイに描きたいときはリップペンシルが便利です。

コフレドール リップメイクライナー（カ）

リップグロス

ほんのり色がつく、薄づきタイプ。ツヤのある仕上がりになります。

スーパーバーム モイスチャライジンググロス（ク）

リキッドタイプ

グロスのような薄づきタイプ。しっとりと肌に密着して、色、ツヤ、うるおいが長持ちするのが特徴。

エスプリーク ルージュ ステイマジック（コ）

種類別リップの塗り方

リップの種類に合う塗り方をすることで、キレイな唇を演出することができます。そのテクニックを紹介します。

口紅の塗り方（直塗り）のポイント

リップラインを描くときは、口紅の縁を使うと上手に描けます。

使用する道具／口紅

1 上下の唇の内側を塗る

唇を左右に動かしながら、内側を塗りつぶしていきます。

2 リップラインを塗る

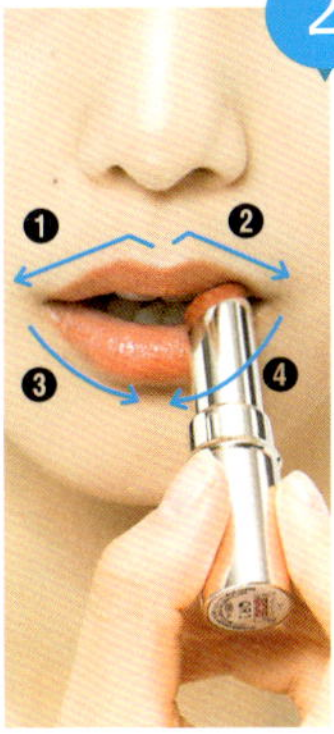

口紅の縁（エッジ）を使って、リップライン（輪郭）を描いていきます。上唇は中央から口角へ、下唇は口角から中央へ塗ります。

POINT
塗る順番を守る!

3 口角を塗る

口を開けて、口角を塗り、リップラインをきちんとつなげるようにします。口角でラインが途切れていると、品のない印象を与えます。

POINT
上唇と下唇のラインをつなげて!

4 仕上がり

口もとが締まり、やわらかい印象の唇に仕上がります。

自分の本当の唇の大きさをチェック

鏡で唇を見たときに、ピンク色の部分の外側に盛り上がっている（膨らんでいる）部分があります。ここまでが本来の唇であり、リップを塗る部分です。思い切ってここまで塗ると、薄唇の人でもふっくらとした形のよい唇に見せることができます。

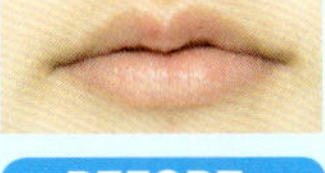

BEFORE

▼

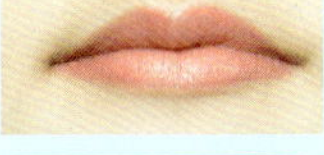

AFTER

リップの塗り方（ブラシを使う場合）のポイント

唇の中央を塗ってからリップラインを描くと、キレイに仕上がります。

使用する道具／口紅、リップブラシ

1

上下の唇の中央から塗る

口紅をリップブラシにたっぷり取り、唇の上下の唇の中央から塗ります。

POINT
中央から塗るとリップラインが引きやすくなる。

2

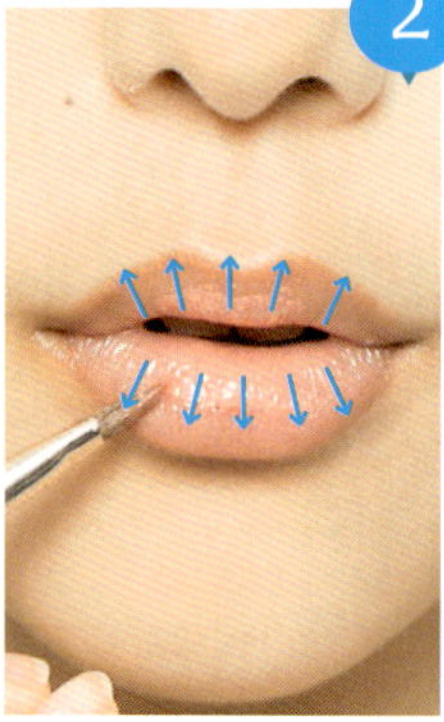

上下の唇の輪郭に向かって塗り広げる

唇の中央から上下の唇の輪郭に向かって、塗り広げていきます。

3

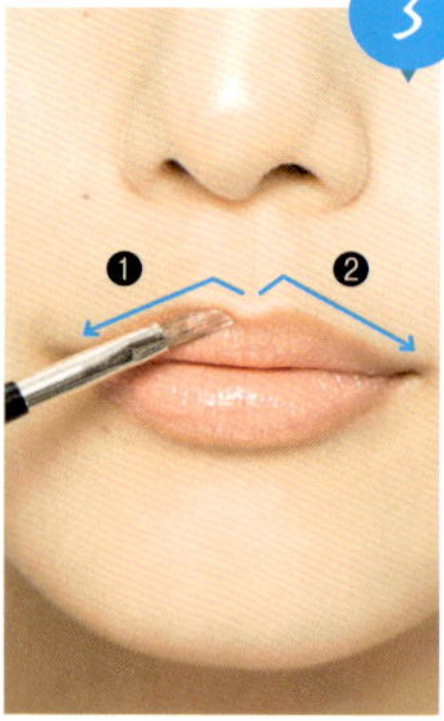

上唇のリップラインを描く

上唇のリップライン（輪郭）を❶❷の順に描きます。ラインが途切れることなくきちんとつながるようにします。

POINT
片方ずつ、一気に描く。

4

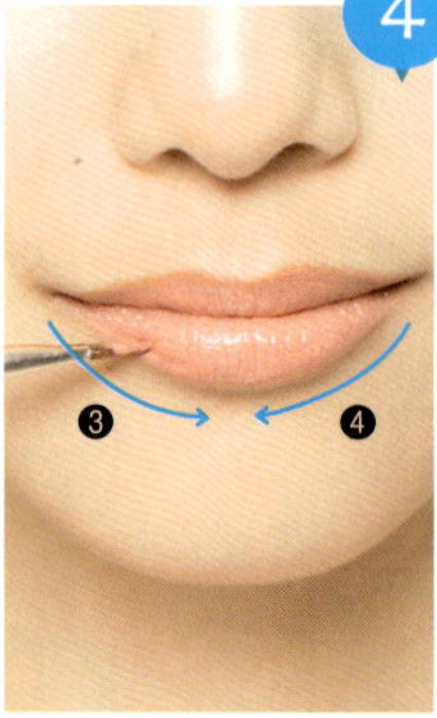

下唇のリップラインを描く

下唇のリップライン（輪郭）は❸❹の順に描きます。とくに底の部分のラインが途切れることなくきちんとつなげるようにします。

5

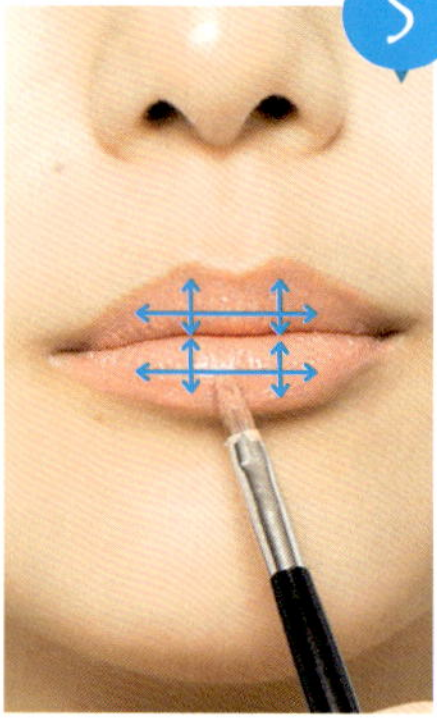

仕上げに唇の内側を再び塗る

リップブラシを縦と横に動かしながら塗ります。こうすると唇の縦ジワや色ムラが目立ちにくくなります。

6

仕上がり

きちんと感のあるぷるんとした唇に仕上がります。

リップペンシルの塗り方のポイント

リップペンシルは先が細いのでリップライン以外を塗るときはムラのないように注意を。

使用する道具／リップペンシル

1 上下の唇の内側から塗る

リップペンシルを使って、上下の唇の中を塗ります。

2 リップライン描く

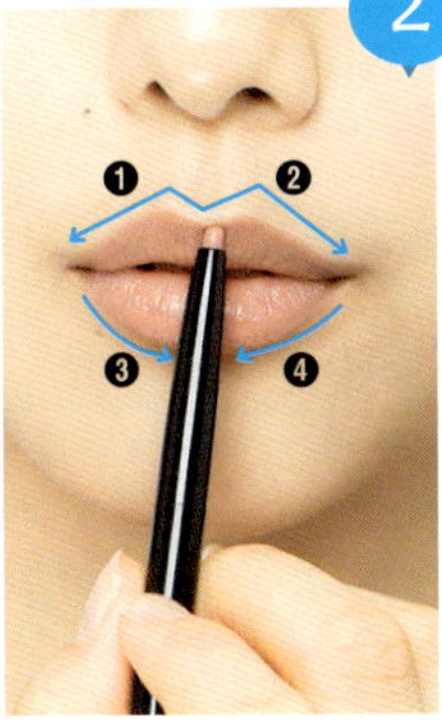

❶から❹の順に、リップライン（輪郭）を描きます。ラインが途切れないように、きちんとつなげることを意識します。

POINT
下唇の底のラインをつなげる。

3 リップラインのがたつきを確認

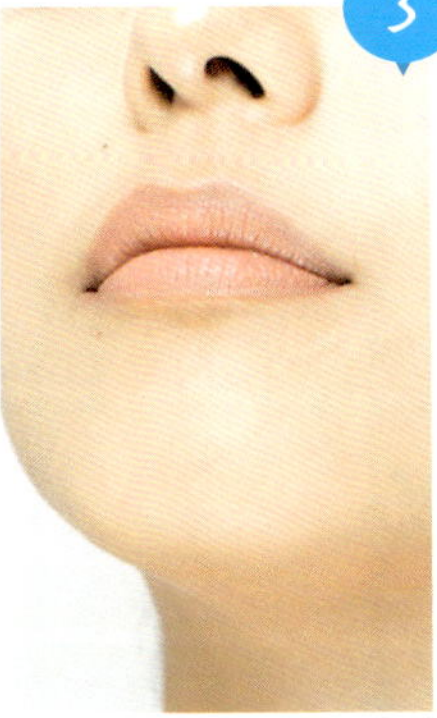

リップラインがガタついていたり、つながっていない部分がないか確認をします。気になる部分はリップペンシルで補正します。

4 仕上がり

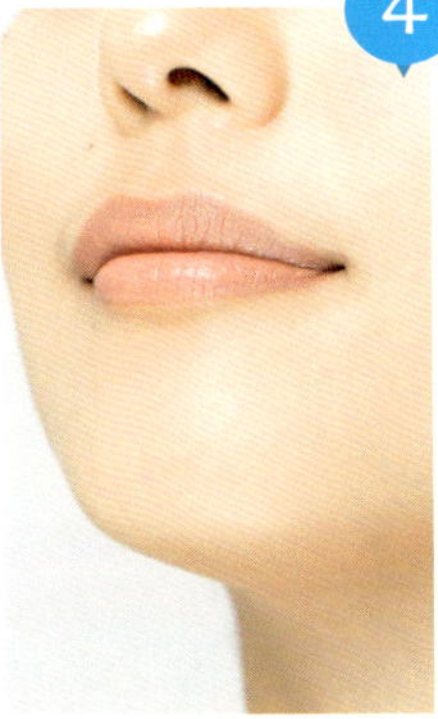

マットな質感の唇が完成。唇の縦ジワが気になる場合は、リップペンシルで縦に塗り、シワの間まで塗り込みます。

リップペンシル&口紅で唇に立体感を出す

唇の内側を口紅で塗ったあと、リップラインのみリップペンシルで描くと、輪郭が引き締まり、唇に立体感が出ます。通常、リップペンシルの色は口紅と同じですが、より引き締めたい場合は、口紅より少しだけ濃い色にしましょう。

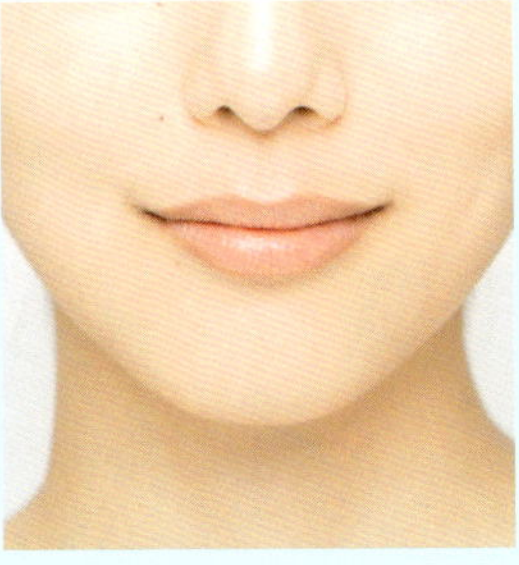

口紅とリップペンシルを使うと、ふっくらと中央が膨らんで見える、きちんと感のある唇になります。

リップグロスの塗り方のポイント

リップグロスは、単体で仕上げたり、口紅のあとに塗ることができます。

使用する道具／リップグロス

唇が乾燥しているときは、リップを塗る前にお手入れを

唇がカサカサになっていたり、縦ジワが気になるときは、その状態でリップを塗っても、美しく仕上がりません。リップを塗る前に唇に保湿クリームまたはリップクリームを塗りましょう。皮がめくれていたり切れている状態の場合は、刺激の少ない白色ワセリンがおすすめです。つけ方は最も力が入りにくい薬指にクリーム類を取り、らせんを描きながら唇に塗ります。しばらく時間を置いて唇になじませてから リップを塗りましょう。

縦ジワ部分はシワになじませるように塗り、ベタつき感が気になるときは、軽くティッシュオフします。

保湿クリーム

唇は皮膚が薄く、刺激に弱いため、塗るクリーム類は刺激が少ないタイプを。

エッセンスハーブバームクリーム（Mi）

1

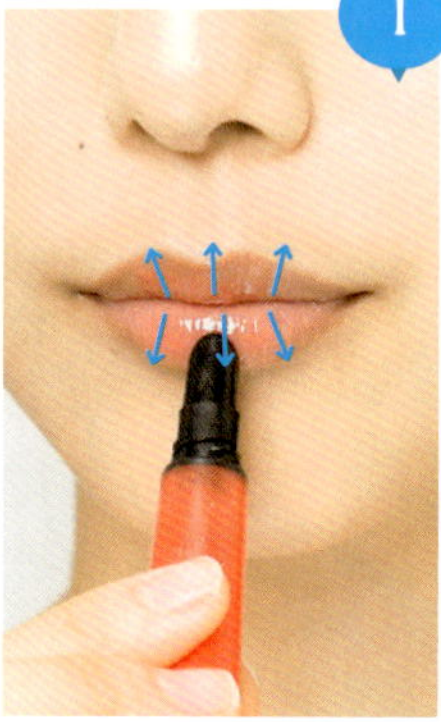

上下の唇の中央から塗る

リップグロスを上下の唇の中央に塗ります。内側から外側へ塗り広げていきます。口紅などと重ねるときは、このステップだけで終了。輪郭まで塗ると、量感が出すぎてしまいます。

2

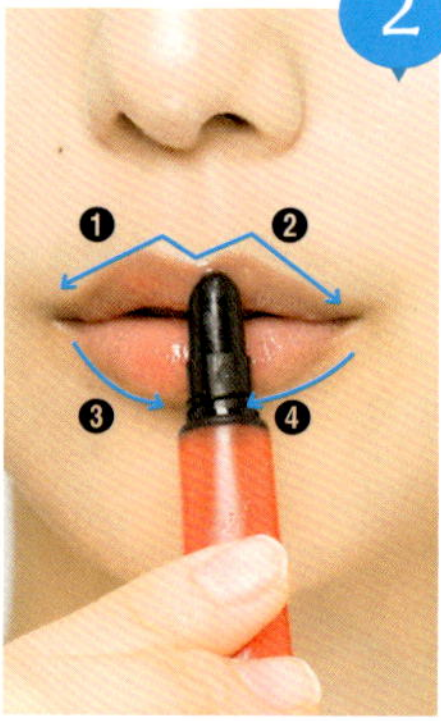

上下の唇の輪郭をなぞる

直塗りタイプのリップグロスの場合は、容器のエッジ部分を使って唇の輪郭を❶から❹の順になぞります。チップタイプの場合は、チップの先や側面でなぞります。

3

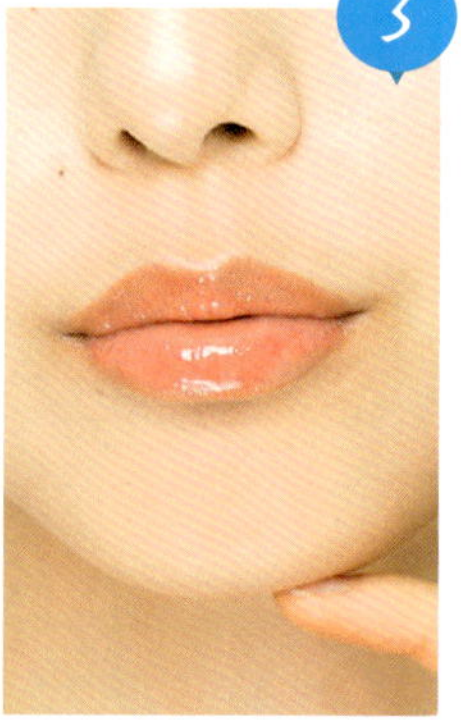

仕上がり

唇全体がツヤのある仕上がりに。リキッドタイプのリップも、この手順で塗っていきます。

もっと知りたい!

チーク・ハイライト&ローライト編

チーク・ハイライト&ローライトのことで、気になる疑問に関して答えます。

Q1 チークをつけすぎた場合の応急処置は？

A コットンの裂いた部分を使います。

一般的なのはパウダーファンデーションでぼかす方法ですが、チークを入れる範囲が広がってしまったり、厚化粧に見えたりすることもあります。そこで、コットンを裂きやすい方向と逆に裂いて半分にし、わざと毛羽立たせます。その毛羽立った部分をそろえて、チークを塗った部分をやさしくなでます。そうすると、つけすぎたチークが取れてきて、自然になじんできます。

Q2 チークをローライトの代わりに使うことはできますか？

A 暗めの色のチークなら顔を小さく見せるために役立ちます。

チークをローライトとしても使う場合は、暗めの色を選びましょう。チークブラシに取り、こめかみ、額の生え際、フェイスラインに入れると、血色を与えながら、ローライトのような効果を発揮し、顔を小さく見せてくれます。ただし、ノーズシャドウなど、彫りを深く見せるために使うのは、効果が出にくいため、おすすめできません。

Q3 鼻をとにかく高く見せるには？

A 鼻筋に細めのハイライトを入れます。

ハイライトをブラシに取り、鼻筋に、目頭の位置から鼻頭の手前まで細く入れるようにします。鼻全体に入れると、鼻筋が太く見えたり、小鼻の部分が広く見えるので避けます。さらに、小鼻は小さく見せたほうが鼻の高さを感じるので、ローライトを取ったブラシで2～3回小鼻をなでます。

もっと知りたい！

リップ編

リップのことで、気になる疑問に関して答えます。

Q1 唇がくすんでいるのでリップの色がきれいに出ません。

A リップをマットタイプにするか、コンシーラーを先に塗りましょう

マットタイプのリップを使えば、唇の色に関係なく色みが出ます。光沢のあるタイプのリップを使いたいときは、リップを塗る前にコンシーラーを薄くつけます。このとき、コンシーラーをたっぷりつけると、今度はコンシーラーの色が邪魔してしまうので、リップの色がキレイに出ません。あくまで唇の色を整える程度に薄く塗ります。

Q2 下がっている口角を上げるには？

A 口角寄りの下唇の輪郭にコンシーラーを塗ります。

口角寄りの下唇の輪郭にコンシーラーをのせたあと、薬指の腹で口角を引き上げるようになじませます。フェイスパウダーをパフに取り、コンシーラーを塗った部分にのせて、完成。口角が上がって見え、若々しくなります。

使用しているファンデーションよりも少し明るめの、やわらかいリキッドタイプのコンシーラーを使いましょう。

Q3 薄い唇をふっくらとした唇に見せるには？

A 内側と輪郭の色を変えて立体感を出します。

唇の内側に、唇が膨張して見える白っぽいベージュやピンク色の口紅を塗り、その色よりもやや濃いめの口紅かリップライナーで輪郭を取り、立体感を出します。輪郭はもとの形よりも少し外側に引きましょう。次に、淡い色のパール入りリップグロスを上下の唇全体に塗ります。上唇を輪郭よりも少しはみ出すように塗ると、よりふっくらとしたツヤのある唇が完成します。

肌のトーン別リップの色見本

リップの色も、肌のトーンに合わせると顔色がキレイに見え、メイクが上手くまとまります。そこで、ここではイエローベースとブルーベースに合うリップの色を紹介します。P18で自分の肌のトーンを確認してから、参考にしてください。

ブルーベースに合うリップの色

イエローベースに合うリップの色

Chapter 4

10種類のイメージ別メイクの基本

ナチュラルメイクからハーフ顔メイクまで、10種類のイメージに合わせたメイクの仕上がりとメイク法を紹介します。テクニックはすべて今までの基本を応用したものです。なりたいイメージに近いメイクを見本に、いろいろなメイクを楽しみましょう。

イメージ別メイクの基本

メイクの腕は、好きなメイクを真似することで上達します。まずは、メイクの基本のテクニックで仕上げている「超ナチュラルメイク」に挑戦してから、そのほかのメイクを試してみましょう。

イメージ別メイクで悩まないために覚えておきたい3つのポイント

なりたいイメージを描く

挑戦したいイメージメイクを見つけたら、「基本のプロセス」通りにメイクしてみましょう。色は、イエローベースとブルーベースに合う色の化粧品の「キーアイテム」を掲載しているので参考にしましょう。

迷ったら基本に戻る

「基本のプロセス」通りにメイクをしていて迷ってしまったら、この本の Chapter1 〜 3 にある、パーツごとのプロセスを参考にしましょう。ほんの少しのテクニックの差が、仕上がりの美しさの差になります。

よい道具をそろえる

道具がそろうだけで、メイクの腕はあがります。たとえば、グラデーションしやすいアイシャドウを使えば、テクニック不足をカバーしてくれます。メイク道具は、吟味しつつ、そろえていきましょう。

超ナチュラルメイク

誰にでも好感をもたれる素肌感覚のメイク

メイク感を強く出さずに、ありのままの美しさを演出するのがナチュラルメイクです。ポイントは、自然な肌のツヤ感と血色のよさ。さらに、ほどよく主張感のある目もとと口もとを意識してメイクを行いましょう。

超ナチュラルメイクの基本プロセスのポイント

使用する道具

●化粧下地　●リキッドファンデーション
●コンシーラー ●フェイスパウダー
●アイブロウパウダー
●アイブロウペンシル ●アイシャドウ（3色）
●アイライナーペンシル
●マスカラ ●チーク ●口紅

1

化粧下地を塗る

スキンケアのあと、化粧下地を顔全体に塗ります。

2

リキッドファンデーションを塗る

リキッドファンデーションを顔の内側から外側へのばしていきます。Tゾーンは薄めに、頬は厚めに塗って立体感を出します（P20参照）。

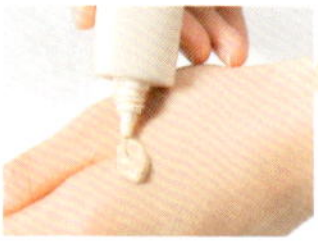

量の目安：
パール粒2個分

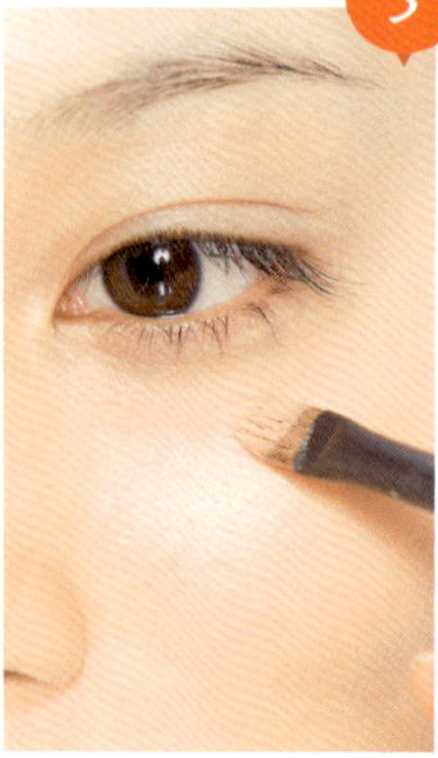

3

コンシーラーでシワやシミをカバー

気になるシワやシミがある場合は、コンシーラーを使ってカバーをします（P26参照）。肌をなめらかに美しく見せるためには欠かないプロセスです。

4

フェイスパウダーを塗る

化粧もちをよくし、ツヤを抑えるためにフェイスパウダーを塗ります。パフに取り、肌を押さえるようにして塗ります（P36参照）。

眉頭から5～10㎜の部分から描き始める。

5

ふんわりとした太め眉を描く

P48の「ふんわり太め眉」を参考に仕上げます。太めの眉はナチュラル感に加え、フェイスラインが引き締まって見えます。

6 3色使いのアイシャドウで立体感を

ブラウンのグラデーションがつくれる3色のアイシャドウを使います。まずは、1番濃い色を目の際に入れます。

POINT 目を丸く見せたいので黒目の上にポイントを置く。

7 3色の境を指でぼかす

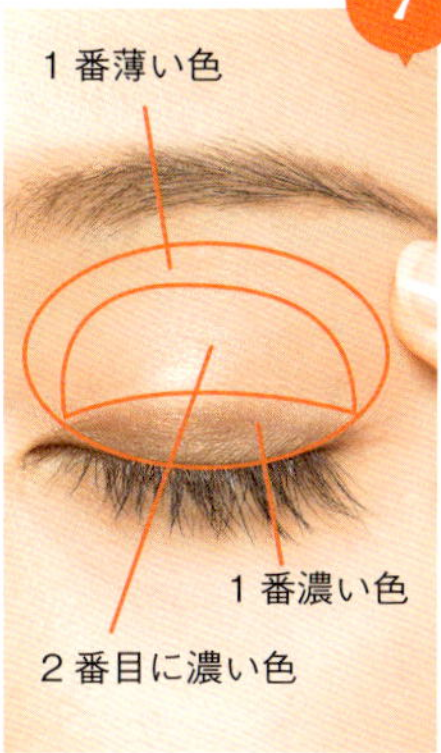

2番目に濃い色をアイホールに入れ、1番薄い色を眉の下に入れます。3つの色の境を薬指で軽くぼかして、キレイなグラデーションにします。

8 ペンシルでアイラインを描く

アイシャドウと同じブラウンのペンシルタイプのアイライナーを使って上まぶたの際に、目頭から目尻までラインを入れます。

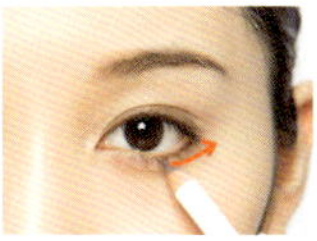

下まぶたの中央から目尻にも、アイラインを入れます。

9 マスカラを塗る

ビューラーでまつ毛をカールさせたあと、ロングまたはボリュームタイプのマスカラを塗り、自然なボリューム感を演出します。色は黒を使います。

10 チークは基本の入れ方を

ピーチ色のチークをチークブラシに取り、頬骨と口角を結ぶラインに入れる「基本の入れ方」通りに入れます（P75参照）。血色のよい肌を演出します。

11 リップブラシを使って描く

コーラルベージュの口紅をブラシに取り、上下の唇の中央を塗ります。次に左右の輪郭に向かって広げていき、輪郭を引いたら、内側を塗って仕上げます。

イエローベースに合う超ナチュラルメイク

イエローベースの肌で超ナチュラメイクをする際は、黄みよりのブラウン系がおすすめ。チークは血色を感じるフレッシュなピーチで素肌感を生かします。

メイク&ヘアスタイルのポイント

キレイにカバーした肌とストレートのヘアで清潔感を

美しい肌づくりがナチュラルメイクの基本。シミなどは徹底的にカバー。ヘアはストレートでツヤ感を生かします。

健康的なツヤ感が
ポイントの素肌美メイク

肌 血色を感じる健康的なツヤ肌に

自分の肌の色と質感を生かします。気になる肌トラブルはしっかりカバーしながらも、リキッドファンデーションを薄く塗ることでツヤのある肌に仕上げます。

目 自然な立体感と強さを演出

自然な立体感を演出するために、ブラウン系の３色アイシャドウを使います。目の際はアイライナーで締めて、マスカラでまつ毛にボリューム感を出し、色を控えつつ目力のある目もとに。

口 輪郭を引き締めた上品さが特徴

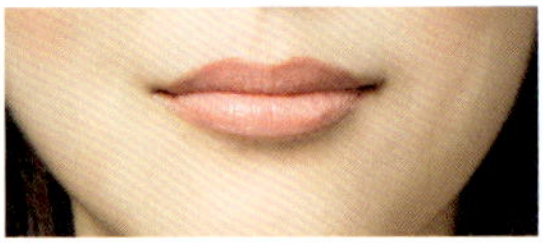

肌になじむコーラルベージュの口紅で、血色のよい唇を演出します。ポイントは、輪郭です。リップブラシでていねいに描くと、口もとが引き締まり、清潔感のあるイメージに。

キーアイテム

肌 ポップチーク バージンピーチ（バ）

目 キャンメイク パーフェクトスタイリストアイズ 02（井）

口 ジュエルウォータリールージュ コーラルベージュ（L）

ブルーベースに合う超ナチュラルメイク

ブルーベースの肌で超ナチュラメイクをする際は青みよりのブラウン系がおすすめ。チークもブルーベースに合うピンクにして透明感のある肌を演出します。

青み系の色でまとめた
透明感が際立つ桜肌メイク

メイク&ヘアスタイルのポイント

青み系でまとめたメイクと透明感のあるストレート

肌に合う青み系の色でまとめることで、透明感のある肌に仕上げます。ヘアにも透明感を求めて、美しいストレートヘアに。

肌 透明感を大事に血色のよさを表現

肌がブルーベースの人は、肌のトラブルが目立ちやすい傾向にあります。そこで、気になるシミやニキビなどはていねいにカバーをし、ふんわりとチークをのせて血色をよく見せます。

キーアイテム

肌
パウダーブラッシュ ラブクラウド (M)

目
ケイト カラーシャスダイヤモンド BR-3 (カ)

口
ジュエルウォータリールージュ ヌーディーピンク (L)

口 ブルーベースになじむピンクで健康的に

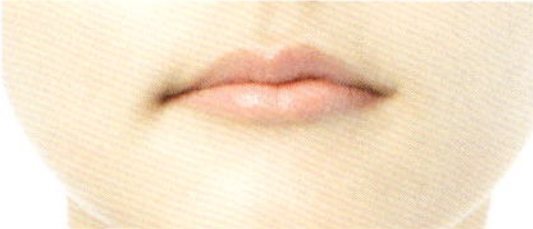

唇がもともと持っている健康的な色みに近いヌーディーなピンクで、ツヤのある口紅を塗ります。リップブラシを使って輪郭をしっかりと描き、品のある唇に仕上げます。

目 ピンク × ブラウンでくすみなし

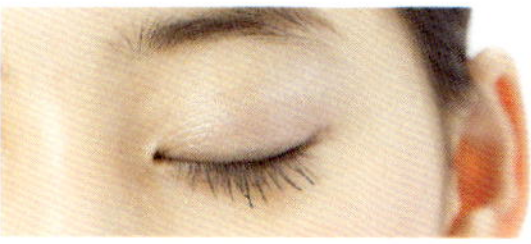

アイシャドウは、ブルーベースの肌になじみやすいピンクをメインに、目の際はブラウンで締めます。アイラインとマスカラも黒。目もとに明るさと透明感を出しつつ、強さをプラスします。

コンサバメイク

仕事のときでも使えるきちんと感を演出できるメイク

清楚できちんとしたイメージを演出するのがコンサバメイクです。ポイントは、眉、目の際、唇のラインを意識することです。この3か所をしっかり描くことで強さときちんと感が出せます。

コンサバメイクの基本プロセスのポイント

使用する道具

●化粧下地　●コンシーラー
●パウダーファンデーション
●アイブロウパウダー
●アイブロウペンシル
●アイシャドウ（3色）
●アイライナーペンシル●ビューラー
●マスカラ　●チーク　●口紅

1 化粧下地を塗る

スキンケアのあと、化粧下地を顔全体に塗ります。

2 コンシーラーでシミやシワをカバーする

コンシーラーを使い、シミやシワなどのトラブルをできるだけカバーします。隙のない、なめらかな肌がきちんと感を与えます。

3 パウダーファンデーションを塗る

スポンジにパウダーファンデーションを取り、顔の内側から外側へ塗っていきます。目と口の際、小鼻を塗り残さないように注意をしましょう（P22 参照）。

4 ストレート気味の太め眉を描く

眉は、眉の下のラインをストレート気味にして太めに描きます。こうすると全体的にキリッとした印象になり、責任感の強さを感じさせます。

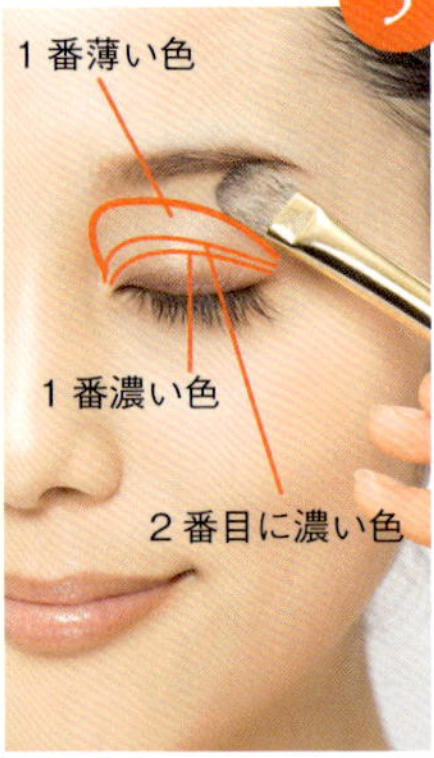

5 肌になじむ色でまぶたに立体感を

肌になじむブラウン系の3色のアイシャドウを、目の際からアイホールに向かってグラデーションになるように入れます。目頭側は少し幅広くのせます。

6

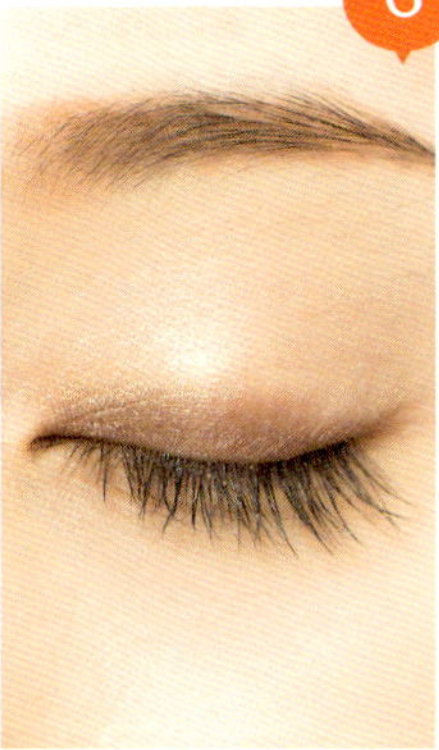

目頭側にインパクトをもたせる

目頭側のアイシャドウはぼかさずに、色の強さを残します。目頭側に濃さが出ると顔が求心的になり、シャープなイメージになります。

7

下まぶたにもアイラインを入れる

上まぶたの目頭から目尻までと下まぶたの目尻から3分の1のところまでアイラインを入れます。強くなりすぎないようにペンシルタイプを使い、色は目と同じ黒か茶色にします。

POINT
下まぶたに少し入れると目の印象が際立つ。

8

自然で長いまつ毛にする

ビューラーでまつ毛をカールさせたあと、ロングタイプの黒いマスカラを塗ります。ダマになったら、マスカラ用コームでとかして、自然な仕上がりに。

9

チークで健康的に見せる

チークブラシにチークを取り、頬骨と口角を結ぶラインに入れる「基本の入れ方」通りに入れます (P75参照)。

10

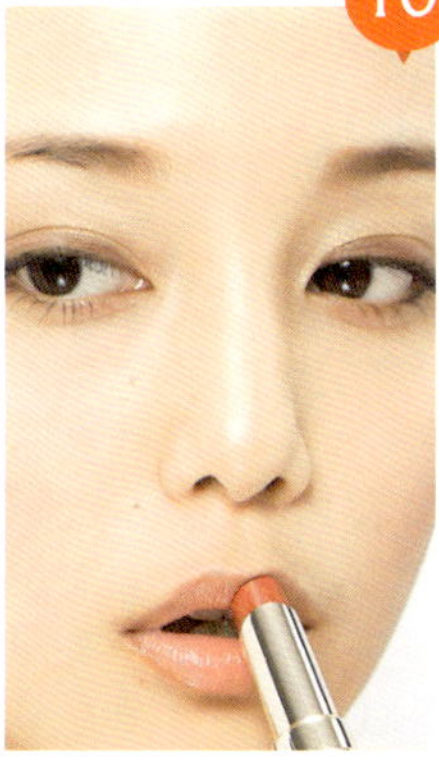

口紅を直塗りする

目もとを控えめにした分、口もとはオレンジで明るさを演出します。唇の中央から塗り始めます。

POINT
縦横に動かして縦シワもカバー。

11

輪郭を描ききちんと感を出す

引き締まった口もとに仕上げます。さらにリップブラシを使って輪郭を取れば、よりはっきりとした口もとに。

イエローベースに合うコンサバメイク

イエローベースの肌の人のコンサバメイクは、ブラウンとオレンジをメインカラーに健康的なきちん感を出すのがポイントです。

メイク&ヘアスタイルのポイント

シャープでキリッとした顔に
カールヘアで女らしさをプラス

眉、アイライン、リップラインの輪郭を大事にしたメイク。ヘアは毛先だけ巻き髪にして、女性らしさをプラスします。

肌 トラブルのない陶器のようなマット肌

ツヤのある肌はカジュアル感が出てしまうので、パウダーファンデーションを使ってマットに仕上げます。シミなどトラブルもコンシーラーでカバーし、チークはオレンジで快活に。

目 ラインとシャドウで目力を

ストレートの眉と、上まぶたと下まぶた目尻3分の1に入れたアイラインで、キリッとした目もとに。アイシャドウは目頭側を少し広めに濃く入れてシャープなイメージを演出。

口 輪郭を引き締めた上品な唇

メイクの主役はリップ。華やかさがあるけれど、しっかりとしたイメージをつくり出すのは、セミマットの甘すぎないオレンジの口紅。リップラインをキレイに描いて、品のある唇に。

キーアイテム

肌 コフレドール スマイルアップチークス02 (カ)

目 ミネラライズ アイシャドウ ゴールデンアワーズ (M)

口 アミノファイン ルージュ B05 (ジ)

ブルーベースに合うコンサバメイク

ブルーベースの肌でコンサバメイクをする際は、肌になじむ甘すぎないピンクの口紅をメインに、目もとはグレーで締めて、信頼感のある印象を演出します。

メイク&ヘアスタイルのポイント

**シンプルに仕上げて
コンサバ感を出す**

目もとと肌は色みを抑え、リップを効かせたシンプルメイク。ヘアも頭頂部に高さを出しながらシンプルにまとめます。

肌 くまや赤みなどをカバーして隙なく仕上げる

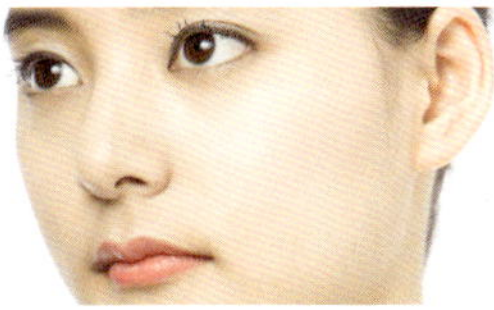

ブルーベースの人は、くまや赤みなどの色が目立ちやすいので、コントロールカラーやコンシーラーを使って、しっかりカバーします。マットな肌とピンクチークが品のよい印象を与えます。

キーアイテム

肌 コフレドール スマイルアップチークス 03（カ）

目 ミネラライズアイシャドウ フォグアンドミスト（M）

口 ミネラルルージュ 09（Mi）

口 少し太めでやわらかい印象に

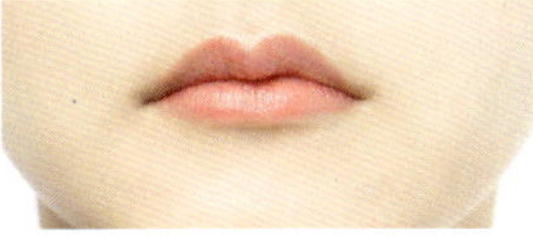

目もとがシャープなので、唇までシャープに仕上げるとキツいイメージになっています。そこで、唇はふっくらと仕上げ、グレーと好相性の明るいピンクでやわらかさを足します。

目 グレーと黒で奥行き感を

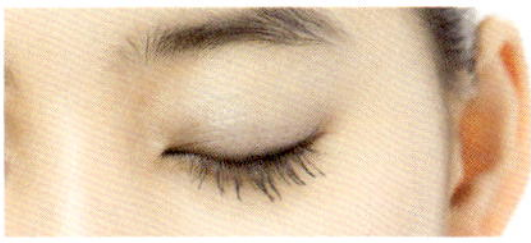

瞳の力を強く感じるように、アイシャドウはグレーと黒、アイラインとマスカラは黒を使い、モノトーンの世界をつくります。眉はブラウン系を使ってバランスを取ります。

スイートメイク

たれ目&涙袋がつくり出す、ふんわり華やかな愛されメイク

甘さのある目もとをつくる涙袋で小ジワやくすみもカバー

少女のような愛らしさと甘さのあるスイートメイクは、親しみのあるイメージをつくり出します。色みも甘さのあるものを使いますが、ポイントはたれ目と涙袋です。目尻にポイントをもたせたアイメイクで自然に目尻が下がった印象に仕上げます。目の下の涙袋の部分には、パール感のある明るめのベージュを入れて、ぷっくりと見せます。このテクニックを使うと、小ジワやくまもカバーできるので、若々しい印象になります。眉は太めにし、眉と眉を少し離すことで、より癒し系のイメージをつくりましょう。

スイートメイクの基本プロセスのポイント

使用する道具
- BB クリーム
- アイブロウパウダー
- アイシャドウ（1色）
- アイラインペンシル
- パール感のある明るめのシャドウ
- チーク
- リップグロス

1

BB クリームを塗る

スキンケアのあと、ツヤのある肌に仕上げるためにBB クリームを塗ります。

2

眉は眉頭を離し気味に描く

左右の眉頭を少し離して描くことで、ゆったりとしたイメージを演出します。

3

アイラインで目尻を強調する

アイシャドウは目尻側を濃く入れ、アイラインは目尻側までのばして下げ気味に。マスカラは上下まつ毛の目尻側に重ね塗りを。

4

涙袋を強調し、チークは丸く入れる

パール感のあるアイシャドウを涙袋にのせます。チークは丸く入れて、唇は輪郭を取らずにリップグロスのみでツヤを。

甘さと色みを楽しむ 春向けメイク

メイク&ヘアスタイルのポイント

ヘアはエアリー感を出し、メイクとのバランスを取る

メイクはピンクでまとめた、たれ目で癒し系のスイートメイク。メイクだけでも十分かわいいので、ヘアやファッションはエアリー感や軽い素材感でまとめます。

肌 色が映えるなめらか肌に

可憐さに必要なナチュラルなツヤと明るさのある肌を目指します。ツヤ肌と甘さのあるピンクを生かすために、肌のくすみやシミはしっかりとカバーします。

口 みずみずしくツヤのある唇に

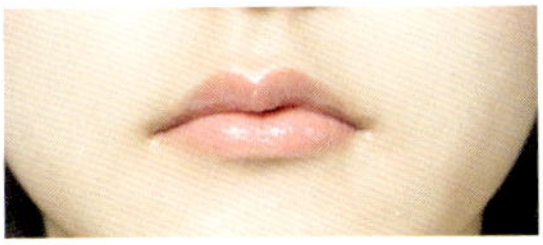

やわらかさとツヤを出すために、唇はリップグロスを使用。色はチークと同系色の、肌になじむ青みよりのピンクを選び、できるだけ丸みのある形に描いて。かわいらしいイメージに。

目 愛らしいピンクのアイシャドウ

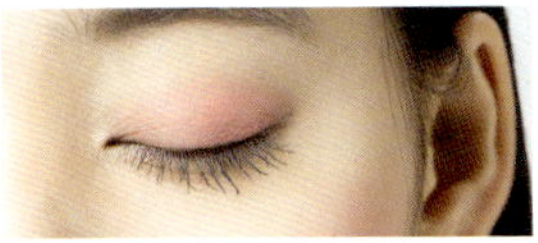

目がはれぼったくならない、赤みが強すぎないピンク色を選び、目の際はアイラインでメリハリをつけます。目尻を下げ気味に引くことで、甘くやさしいたれ目をつくります。

キーアイテム

〈イエローベースの場合〉

肌

オーブクチュール デザイニングパフ チーク425（花）

目

シングルアイシャドー2079（N）

〈ブルーベースの場合〉

肌

ミネラルカラーチーク 06（Mi）

目

デュオアイシャドー3093（N）

グラマラスメイク

シンボリックな赤リップをメインに、上品さと華やかさを追求したメイク

女性の魅力を引き出す赤リップで大人の上品さと豪華さを演出

いるだけで場の雰囲気が華やぐような女性らしさを感じさせるメイクは、ここぞというときのためにマスターしたいもの。一見、難しそうですが、赤のリップを使えば、上手にまとめられます。

赤のリップは、塗るだけでメイクが完成してしまうほどのインパクトをもっているので、ほかの部分のメイクは引き算をします。アイメイクやチークの色は主張しすぎない、肌になじむ色を選びながらも、眉の形や立体感でより女らしい雰囲気をつくり出します。

グラマラスメイクの基本プロセスのポイント

使用する道具

- 化粧下地
- コントロールカラー
- リキッドファンデーション
- コンシーラー
- フェイスパウダー
- アイブロウペンシル
- アイブロウパウダー
- アイシャドウ（2色）
- リキッドアイライナー
- マスカラ
- チーク
- 口紅
- リップグロス

1

ツヤ肌に仕上げる

スキンケアのあと化粧下地を塗り、コントロールカラーで赤みなどをカバー。ツヤ感を出すために、リキッドファンデーションを塗り、フェイスパウダーを塗ります。

2

アーチ眉とアイラインを茶系に

眉は女性らしいアーチ眉にし、ブラウンのアイラインを目の際に。アイシャドウ、マスカラを同系色のグラデーションにしてやわらかさを出します。

3

チークはV字型に入れる

唇と同じ赤の淡いチークを口角に向かってV字型に入れて、唇との一体感をつくり出します。頬をすっきりとシャープに見せます。

4

口紅の上からグロスを

やわらかい質感のクレヨンタイプの赤い口紅で唇の中央を直塗りしたあと、輪郭を描きます。同系色のグロスを塗り、色っぽく仕上げます。

女性の美しさを表現する 透明感のある肌と赤リップ

メイク&ヘアスタイルのポイント

口もとにポイントを置き アップスタイルで引き算を

赤リップを目立たせてキレイに見せることが、成功の秘訣。アイメイクはブラウン系、チークはリップと同系色にして控えめに。ヘアは、顔まわりをすっきりとさせるアップにし、毛先のカールで華やかさを出します。

肌 透明感のある 手抜きのない肌に

口もとをキレイに見せるために肌トラブルはカバーし、リキッドファンデーションのツヤを生かして、透明感のあるなめらかな肌に仕上げます。頬は赤いチークで輪郭をシャープに見せながら唇を目立たせます。

キーアイテム

〈イエローベースの場合〉

目

ヴェラックス パールフュージョンシャドウ ブラウンリュクス(M)

口

ベルベットマットリップペンシル2455(N)

ミネラルハニーグロス105(Mi)

〈ブルーベースの場合〉

目

ツーカラーアイシャドウ11(セ)

口

チャビースティックインテンスモイスチャライジングリップカラーバーム04(ク)

口 色とツヤで 女性らしさを

赤リップの色は、自分の肌のトーン(P18参照)に合う色を選んで浮かないように。口紅で輪郭をキレイに取りながら塗り、仕上げに唇の中央にだけリップグロスを足します。

目 ブラウン系で やわらかく

アーチ眉とブラウンでまとめた目もとが、やさしく品のある印象を与えます。目の際はリキッドアイライナーで締め、まつ毛はロングマスカラで長く見せることで、メリハリをつけます。

クールビューティーメイク

目の強さが決め手のクールでおしゃれなメイク

上下のまぶたに入れるアイラインが意志ある目もとをつくる

レディライクでクールなイメージを目指すなら、瞳に意志の強さをもたせたパープル系のメイクが似合います。アイラインを上下のまぶたに入れて、目を囲みます。

さらに、一見モノトーンに見えるほど、色は主張せずに、マットな肌の美しさとラインを引き立たせます。口もともツヤを控えたナチュラルマットに。頬からあごにかけては、ほんのりと影をつくってシャープに見せます。甘さを省いた自然な立体感のあるラインメイクが完成すれば成功です。

クールビューティーメイクの基本プロセスのポイント

使用する道具
- ●パウダーファンデーション
- ●アイブロウパウダー
- ●アイブロウペンシル
- ●ペンシルアイライナー
- ●アイシャドウ（3色）
- ●マスカラ
- ●チーク　●リップグロス

1

パウダーファンデで マットな肌をつくる

化粧下地とパウダーファンデーションを塗り、肌をマットに仕上げます。

2

ストレートな眉でシャープさをプラス

眉は、眉山までをストレート、あとは自然に下げます。アイシャドウはパープル系の3色使いで自然な立体感をつくります。

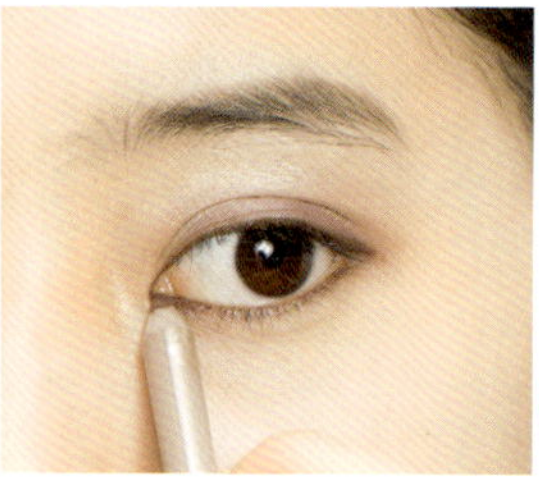

3

アイラインで目を囲む

上下のまぶたの際にアイラインを細めに入れ、目尻で重ねます。色はアイシャドウと同じパープル系で明るく。

4

チークでローライト効果を狙う

落ち着いたローズ色のチークを頬骨からあごへ向かって入れます。目もとを際立たせるため、唇はグロスで控えめにします。

凛とした美しさを感じる
つくり込みすぎない強さのある雰囲気に

メイク&ヘアスタイルのポイント

大きなカールヘアと隠しローズで女らしさを

一見モノトーンに見えるクールなメイクですが、目もとにはパープル、頬と唇にはローズを使って女性らしさを感じさせています。ヘアもストレートよりは毛先に大きめのカールをプラスして空気感を出します。

肌 質感と色でクールさを演出

パウダーファンデーションでツヤを抑え、マットに仕上げます。チークはローライト効果のある濃いめのピンクを頬骨からあごに細めに入れて輪郭をシャープにして大人っぽい印象に。

口 チークと一体感をもたせる

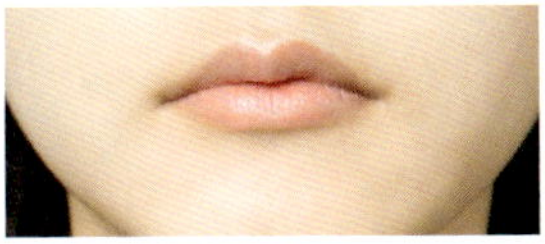

色が氾濫しないように、リップはチークの色と合わせます。目もとが主役なので、口もとは薄づきのグロスにして、控えめに仕上げ、全体をクールビューティーにまとめます。

目 女性らしさとインパクトを

強さはあるけれど、女性らしさも感じさせる目もとに仕上げます。ポイントは使う色。アイシャドウとアイライナーを、赤みのあるパープル系にしておくと、目にほどよい力強さを出します。

キーアイテム

〈イエローベースの場合〉

目

ケイト ゴールディッシュアイズ GD-1(カ)

口

アミノファインルージュRD01(ジ)

〈ブルーベースの場合〉

目

ヴェラックス パールフュージョンシャドウ ピンクリュクス(M)

口

ミネラルハニーグロス 104(Mi)

メガネメイク

メガネを引き立たせるのは、血色とツヤを意識した、少し控えめの70%メイク

アイメイクは控えめにし、血色とツヤのある肌質でやさしげに

　フレームのあるメガネをかけると、かけているだけでメイクをしているような効果があります。そのため、しっかりしたアイメイクでは重い印象になりがちです。アイメイクは控えめに。色みを明るくして主張しすぎないようにします。その分、ポイントになるのがチークとリップです。頬に血色を、唇にツヤを与えることで、女性らしいやわらかさのある顔に仕上げることができます。

　ただし、フレームのないメガネをかけるときは、メイクをしているような効果はないため、100%のメイクをしても大丈夫です。

メガネメイクの基本プロセスのポイント

使用する道具

- BB クリーム
- アイブロウペンシル
（またはアイブロウマスカラ）
- アイシャドウ（1 色）
- リキッドアイライナー
- チーク
- リップグロス

1

BB クリームを塗る

スキンケアのあと、ツヤのある肌に仕上げるために BB クリームを塗ります。

2

明るい色で眉を描く

主張しすぎないように明るめの色を使い、自分の眉毛の形を生かして描きます。眉毛が黒ならグレー、茶なら明るい茶色を。眉マスカラだけでも十分です。

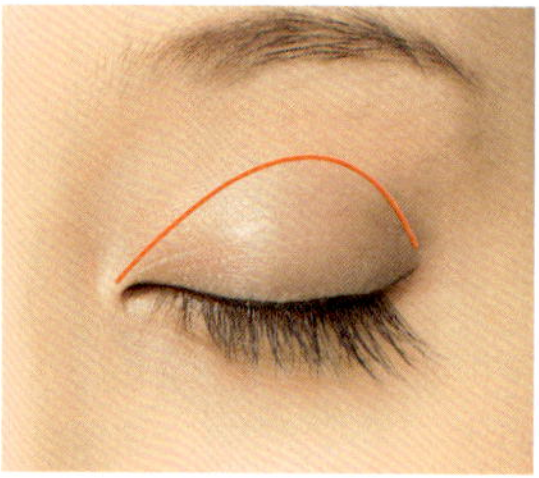

3

まつ毛はカールのみを行う

アイシャドウはハイライト効果のある色をアイホール全体に入れ、アイラインを約 0.5 ㎜の細さで入れてマスカラは省き、ビューラーでカールのみ行います。

4

フレームよりも下にチークを

メガネのフレームとのバランスを計算し、チークは目の中央の下から丸く。目もとにインパクトをもたせるために、唇は輪郭を取らずにグロスを与えます。

丸チーク × ツヤリップで
女性らしいメガネスタイルに

メイク&ヘアスタイルのポイント

**重くなりがちなメガネメイクは
ツヤを出しておしゃれに**

ツヤがあると全体が軽く見えてきます。そこで、BB クリームとリップで、肌と唇にツヤを演出します。ヘアもていねいにブローしてツヤを出します。より軽さを出すために髪はハーフアップにして後ろにまとめます。

肌 丸めチークで やわらかさをプラス

BB クリームでツヤのある肌に仕上げます。チークはメガネのフレームと重ならない位置に、血色を感じる程度に入れます。目もとのシミやシワはメガネのフレームでカバーできます。

キー アイテム

〈イエローベースの場合〉

肌

ちふれチークカラー 540（ち）

口

キャンメイク ステイオンバームルージュ 06（井）

〈ブルーベースの場合〉

肌

キャンメイククリームチーク CL02（井）

口

スーパーバーム モイスチャライジンググロス 02（ク）

口 ツヤを与えて いきいきと見せる

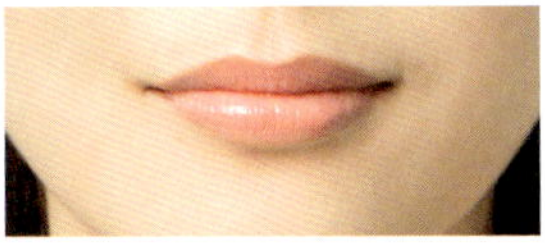

リップグロスまたはリップバームを使って、唇にツヤを与えます。色みは、強い色は避けて、唇の血色をよく見せるタイプを選び、あくまで目もとにポイントがいくようにします。

目 控えめにして ラインのみで締める

メガネを生かすため、アイメイクは控えめにしますが、メリハリはしっかりつけます。フレームに負けないよう目もとはリキッドのアイライナーを細めに入れて、目の際を締めておきます。

スポーティメイク

汗でも落ちにくいヘルシーなメイク。さわやかな色みとツヤ感がポイント

目と唇のラインをしっかり引いて目と唇に強さを出す

ヨガやランニングなどを楽しむときでも、華美になりすぎず、キレイでいることを目指したスポーティメイク。薄づきでツヤがあり、全体の色みがヘルシーで素肌感があることがスポーティメイクの絶対条件です。

このメイクのポイントは、目と唇のラインをきちんと描いて締めることです。ラインを引くと、目と唇の強さが出てくるので、元気で強いイメージが演出できます。また、マスカラやアイライナーはなるべく汗と水に強いウォータープルーフのものを使うのがおすすめです。

スポーティメイクの基本プロセスのポイント

使用する道具

- ● BB クリーム
- ●眉マスカラ
- ●アイシャドウ（2 色）
- ●ジェルアイライナー
- ●マスカラ
- ●チーク
- ●リップペンシル　●リップグロス

1

BB クリームでツヤ肌をつくる

汗でも落ちにくいウォータープルーフタイプの BB クリームを塗って、ツヤ肌に仕上げます。

2

眉マスカラで自然な眉に

自分の眉よりも少し明るい色の眉マスカラを塗って、軽いイメージに。眉が少ない人はペンシルで描いても。アイシャドウは明るい色でまぶたに軽さを出します。

3

目尻を意識して切れ長に

目の際はジェルタイプのアイライナーで締めます。目の形に添って目尻を少し長めに描き、切れ長にして精かんな印象に。

4

リップペンシルとグロスを使う

リップペンシルを縦横に動かして唇の中央を塗ってから輪郭を塗り、仕上げに同系色のグロスを唇の中央にのみ塗ります。

ライムグリーン×コーラルピンクで 人を惹きつけるヘルシーメイクに

メイク&ヘアスタイルのポイント

清潔感のあるまとめ髪に ラインメイクでメリハリを

動きやすいように、髪は耳の高さでひとつに結びます。サイドを中途半端に残すと疲れた感じに見えるので注意を。輪郭がすべて見えるので、のっぺりとした印象にならないように目と唇のラインはしっかりと締めます。

肌 薄く塗って 素肌感を出す

BB クリームはなるべく薄く塗るようにするのがコツ。薄く塗ったほうが化粧崩れもしにくくなります。チークは血色が欲しいときのみ、小鼻ラインに入れます。

キー アイテム

〈イエローベースの場合〉

目 口

スパークリングアイシャドウSE 185 155（パ）

ちふれ リキッドルージュ124（ち）

〈ブルーベースの場合〉

目 口

スリーバイスリーキューブカラーズ BS40（パ）

ミネラルリップライナー 02（Mi）

口 血色のよい色と ツヤで

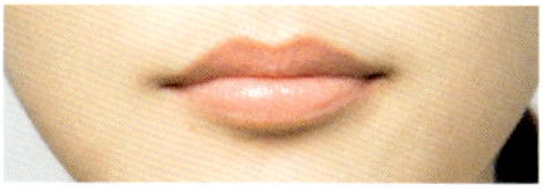

口紅よりも落ちにくい性質があるリップペンシルで唇全体を塗ります。リップラインはしっかりとつなげて、抜けのない印象にします。そのあと、リップグロスでみずみずしく。

目 さわやかな色で、 力強さをラインで演出

アイシャドウはアイホール全体に薄い色を入れ、目の際に濃い色を入れます。アイライナーも目の際に入れると、より顔が締まって見えます。眉は明るめの色で軽やかに。

パーティーメイク

ファッションに負けない華やかなメイクは色と質感で魅せる

パール感のあるアイシャドウ&アイライナーで目もとを主役に

結婚式など華やかなパーティーの席では、ファッションに負けない華やかさのあるメイクが似合います。主役を目もとに置いて、質感と色で華やかさを出していきます。目もとはパール感のあるアイシャドウとアイラインで深みを出します。頬と口もとはピンクで統一して目もとを引き立たせます。目もとばかりを意識しがちですが、肌がなめらかで美しいからこそ、華やかさが際立つことを忘れてはいけません。くすみやシワなどをしっかりカバーしてツヤ肌に仕上げます。

パーティーメイクの基本プロセスのポイント

使用する道具

●化粧下地 ●コントロールカラー
●リキッドファンデーション ●コンシーラー
●フェイスパウダー ●アイブロウペンシル
●アイブロウパウダー ●アイシャドウ（1色）
●ハイライト ●リキッドアイライナー
●マスカラ ●チーク ●口紅

1

トラブルをカバーしたツヤ肌に

スキンケアのあと化粧下地を塗り、コントロールカラーで赤みなどをカバーします。次にリキッドファンデーションを塗り、コンシーラーでシミなどを隠し、フェイスパウダーを塗ります。

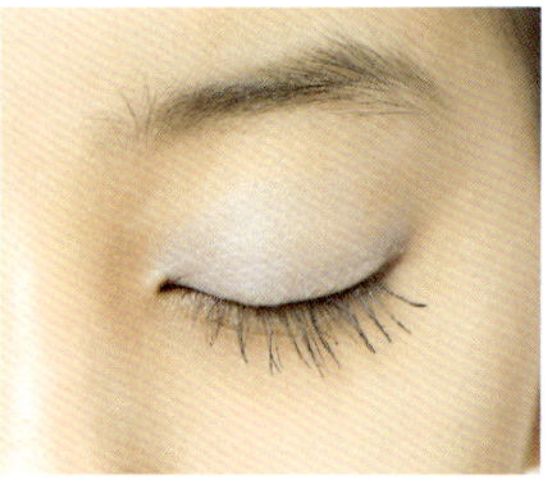

2

パール感のあるアイシャドウを塗る

眉はアーチ眉を描きます。上まぶたにはパール感のあるブルーのアイシャドウをのせ、眉の下にはハイライトを。

3

ブルーのアイラインを入れる

ブルーのリキッドアイライナーで、目頭から目尻までラインを細めに引き、目尻から2㎜ラインを上向きに跳ね上げ、数回重ねて太さを調節します。

4

チークを丸めに入れる

ビューラーでカールさせた上下のまつ毛全体に黒のマスカラを塗り、チークは小鼻ライン（P75参照）に入れ、口もとは口紅とリップグロスで仕上げます。

ブルーアイ×ピンクリップで可憐で華やかな大人顔に

メイク&ヘアスタイルのポイント

華やかなメイクに合わせ ヘアは華やかなアップに

ブルーのアイラインを効かせて目もとにインパクトをもたせ、頬と唇にはピンクを使って可憐さを演出したメイク。メイクが華やかなので、ヘアはまとめてコンパクトにしつつ、髪と同色のヘッドアクセサリーで印象づけます。

肌 トラブルを カバーして美しく

メイクの色をキレイに見せるため、肌トラブルはできるだけカバーして、ツヤのある印象に仕上げます。チークは高めの位置にふんわりと丸く入れて、やわらかさを足します。

キーアイテム

〈イエローベースの場合〉

目

オンブル イプノ T002（ラ）

口

コフレドール ルージュエッセンス BE-215（カ）

〈ブルーベースの場合〉

目

コフレドール アイカラー BU-62（カ）

口

プラスオーラ エンリッチリップカラー コーラルピンク（MT）

口 パールの質感に 負けないツヤ唇に

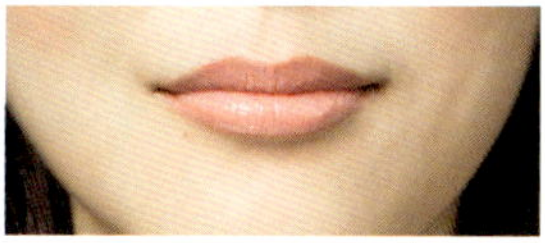

口紅を塗ったあとに、グロスを重ね塗りして、色っぽいツヤのあるジューシーな唇に仕上げます。色は、チークと同じピンク色。目もとのパール感に負けない、大人のツヤ唇です。

目 パール感のある ブルーで華やかに

パール感と色鮮やかなブルーが、華やかさを演出するポイントに。色みは氾濫させず、ブルーで統一して品を出します。跳ね上げラインとマスカラで目尻を強調させ、色気をプラス。

リゾートメイク

普段は使わない鮮やかな色を使って、開放感溢れるメイクを楽しんで

気分を切り替える鮮やかな色で
大人のカラフルメイクに

リゾート地では、普段使わない色に挑戦できるチャンス。ファッションに合わせて、オレンジなどカラフルな色を1色メインカラーに使うメイクをしてみましょう。

慣れない色を使うときは、下まぶたで試すと失敗がありません。色を使うのが苦手な人は、アイシャドウと同系色のカラーアイライナーから始めて。たとえば、グリーンのアイシャドウを使うなら、グリーンのラメ入りアイライナーを使いましょう。

カラフルメイクは旅行先以外に気分を切り替えるのにも役立ちます。

リゾートメイクの基本プロセスのポイント

使用する道具
●日焼け止め　●化粧下地
●リキッドファンデーション●フェイスパウダー
●アイブロウペンシル　●アイブロウパウダー
●アイシャドウ（1色）●アイライナーペンシル
●マスカラ　●チーク　●口紅

1

一段濃い色のファンデで日焼け肌をつくる
スキンケアのあと、日焼け止めを塗り、化粧下地を。自分の肌の色よりも一段濃い色のリキッドファンデーションを塗ります。

2

アイラインを下まぶたのみに
眉はふんわり太め眉（P48 参照）でやわらかく。上まぶたにはオレンジのアイシャドウをのせ、下まぶたにはブルーのアイラインを目頭から目尻まで入れます。

3

目の中央のまつ毛に厚く塗る
ビューラーでカールさせた上下のまつ毛全体に黒のマスカラを塗ります。目の中央部分のまつ毛を厚塗りして、黒目を強調させます。

4

あごラインチークで立体感を
顔に立体感を与えるあごラインチーク(P75 参照) を塗ります。リップはオレンジ色の口紅を直塗り。色はともにオレンジ色で統一します。

ターコイズブルー×オレンジで太陽に負けない色ツヤメイク

メイク&ヘアスタイルのポイント

いつもとは違う色使いのメイクとゆるカールで目を引く美しさを

顔の表情が動くたびに、効かせ色のターコイズブルーのラインがインパクトを与える、健康的で色気のあるメイク。ヘアは帽子をかぶってもやわらかさが出るように、毛先をゆるく巻いてカールさせます。

肌 小麦色のツヤ肌とチークで小顔に

リゾートに合う健康的なイメージをつくり出すために、普段よりワントーン濃い色でツヤ肌にし、オレンジのチークをオン。頬骨よりも少し下に入れたチークは、フェイスラインをすっきりと、小顔に見せます。

キーアイテム

〈イエローベースの場合〉

目

スパークリング アイシャドウ SE135（パ）

ラージャーザンライフ ロングウェアアイライナー 8054(N)

〈ブルーベースの場合〉

目

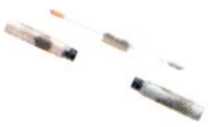

アイグロス デュオ 03（ポ）

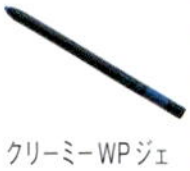

クリーミーWPジェルペンシル ショーイーネイビー（L）

口 ふっくらと魅惑的な唇に

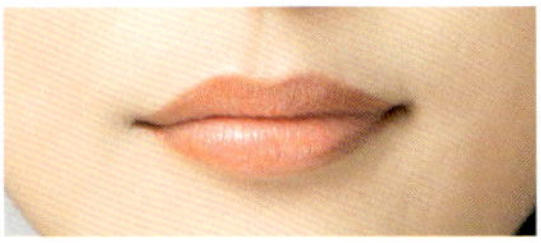

アイシャドウとチークに合わせて口紅は明るいオレンジ色に。カジュアル感を出すために直塗りでオーバーリップにし、丸めに描きます。目もとに負けない、ニュアンスのある唇に。

目 オレンジ × ブルーで魅力的に

ターコイズブルーのアイラインを下まぶたに少し太めに入れます。このラインを生かすために、パール感のあるオレンジ色のアイシャドウを目尻側が少し濃くなるようにのせます。

ハーフ顔＆外国人風メイク

立体感のある顔立ちと大きな目で、メリハリのついた顔に変身

ローライト、つけまつ毛を使って顔全体に立体感を出す

彫りの深い、まるで西洋人やハーフのような顔立ちに憧れる女性は多くいますが、メイクで実現することができます。

　彫りを深く見せるメイクを上手に完成させるには、ローライトとチークで陰影をつけるのがポイントです。さらに、アイライナーとつけまつ毛、マスカラで目を大きく見せます。そのほか、髪や眉など全体の色みをブラウン系に統一したり、カラーコンタクトで目の色をブラウンに変えれば、より日本人離れした顔立ちに近づきます。

ハーフ顔 & 外国人風メイクの基本プロセスのポイント

使用する道具

●化粧下地　●リキッドファンデーション
●フェイスパウダー
●アイブロウパウダー
●眉マスカラ　●アイシャドウ（3色）
●リキッドアイライナー　●マスカラ
●チーク　●ローライト
●リップグロス

1

下がり眉を描く

化粧下地、リキッドファンデーション、フェイスパウダーを順に塗ります。ブラウンのパウダーアイブロウと眉マスカラで下がり眉に（P48 参照）して甘さを出します。

2

目もとに立体感をつくる

ブラウンの3色アイシャドウのグラデーションで目もとに立体感を、目頭から約2㎜離れた部分からつけまつ毛をつけて、長くて濃いまつ毛をつくります。

3

目全体を大きく見せる

つけまつ毛をつけた上から、黒のアイラインを太めに描きます。目尻側のラインはとくに描き足して太くし、下がり目にします。

4

チークとローライトで立体感を

チークはあごライン(P75 参照）に入れて、ローライトを鼻の横とフェイスラインに入れて、凹凸のある顔にします。唇はグロスで軽く色をのせます。

小顔でメリハリのある バービー風メイク

メイク&ヘアスタイルのポイント

つくり込んだメイクには ボブ風のヘアでバランスを

こってりと盛っていくメイクなので、ヘアはできるだけ軽く見せます。髪が長い場合は毛先から中間くらいまでを三つ編みにして内側へ巻き込んでボブ風にアレンジします。

肌 メリハリのある陰影をつける

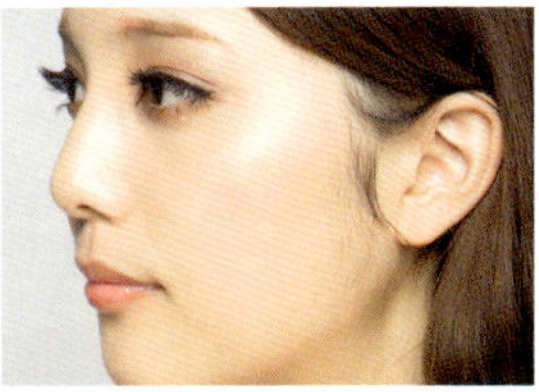

立体感のある顔立ちをつくるために、肌はチークとローライトカラーで、ナチュラルだけどメリハリのある陰影をつけます。とくに鼻を高く、小顔に見せるように意識して入れます。

キーアイテム

〈イエローベースの場合〉

目

スリーバイスリーキューブカラーズ BP10（パ）

ケイト アイブロウカラーN LB-2（カ）

〈ブルーベースの場合〉

目

オーブクチュールデザイニング インプレッションアイズ II502（花）

ケイト アイブロウカラーN LB-1（カ）

口 色みを控えてツヤのみ出す

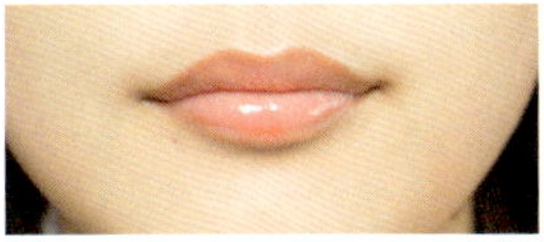

すべての部分を濃くメイクすると、バランスが悪くなるので、口もとは引き算をしましょう。ナチュラルカラーで、薄く色がのる程度のリップグロスを使って仕上げます。

目 大きくて少したれた目に

彫りの深い顔になると、きつく見えてくることがあります。そこで、下がり眉にし、目もとはアイシャドウとアイラインも目尻側を濃くします。つけまつ毛は目尻側につけて、たれ目を強調。

Chapter 5

時短メイク＆スキンケアの基本

いつもキレイでいるためにはメイクだけでなく、ベースとなる肌をキレイに保つことがとても大事になります。そのためには保湿を重視したスキンケアと汚れをしっかり落とすクレンジング、血行を促すマッサージなどが欠かせません。メイク直しと時短メイクも覚えればキレイの基礎ができあがります。

時短メイク＆スキンケアの手順

スキンケアにもタイミングがあります。メイクは必要がなくなったら、できるだけ早く落とします。そして保湿のスキンケアを。ヘッドマッサージは、血行がよくなっている入浴後が最適です。

スキンケアの場合

P128～	**クレンジング（もしくは洗顔）**
▼	
P126～	**スキンケア**
▼	
P130～	**プレマッサージ**
▼	
P132～	**ヘッドマッサージ**

時短メイクの場合

P126～	**スキンケア**
▼	
P122～	**時短メイク**
▼	
P124～	**メイク直し**
▼	
P128～	**クレンジング**
▼	
P126～	**スキンケア**

時短メイク&スキンケアで悩まないために覚えておきたい3つのポイント

メイク直しをこまめにする

メイクは時間が経つと、落ちてくるものです。一度のメイク直しですべてをリカバーする必要はありませんが、気になるところは汚れを落として、こまめに塗り直すようにしましょう。

正しいクレンジングを

メイクや皮脂などの汚れを落とすために使うクレンジング料ですが、自分のメイクとクレンジング料の落とす力のバランスが悪いとメイクが落ちなかったり、肌に刺激を与えることも。正しいクレンジング法を理解しましょう。

マッサージを習慣に

肌にとって、血行はとても大事です。せっかくスキンケアをしていても、血行が悪い状態だと十分な効果は得られません。自分でできるマッサージで血行を促すことで、美しい肌を保ちましょう。

時短メイク

時間がなくても約5分でメイク完成 ポイントは目と唇の輪郭をていねいに

時間がないときでも、コツさえ押さえてしまえば、約5分でフルメイクをすることは可能です。

まずは、比較的テクニックを必要としない道具をそろえます。ファンデーションならBBクリーム。日焼け止め、化粧下地、ファンデーションを兼ねているものを選ぶと、クリームを塗るときのように顔に塗るだけで仕上がるため失敗がありません。アイシャドウならパール感のあるクリームタイプ。指に取ってまぶたに均一にのばすだけで、目もとが明るくなり、自然な立体感が生まれます。

また、アイシャドウ、アイブロウ、アイライナーとして使えるパウダーや、チーク、リップとして使えるクリームなど、多機能の化粧品を使うのも一案です。色選びに迷わないベーシックな色を揃えておきましょう。

そして、時短メイクをキレイに仕上げるポイントは、目の際のラインと唇の輪郭を必ずしっかりと描くことです。この2か所のラインがはっきりしていると顔全体が締まり、顔立ちが美しく見えます。

時短メイクに役立つ テクニックいらずの道具

時短メイクをするときに役に立つのが、テクニックがなくてもキレイに仕上げられるメイク道具です。また、多機能化粧品は時短メイクに役立つとともに、化粧ポーチの中身が減るため便利です。

BBクリーム

日焼け止め、化粧下地、ファンデーションの働きを含む。

ナノーチェ BB クリーム（石）

ひとつ3役のマルチカラー

アイシャドウ、アイライン、アイブロウパウダーとして使えるパウダー。

マルチグラデーション（イ）

時短メイクのポイント

ササッと塗る部分とていねいに塗る部分を覚えましょう。

使用する道具／BB クリーム、マルチカラー（アイブロウ、アイシャドウ）、マスカラ、パウダーチーク、口紅、アイブロウブラシ、チークブラシ

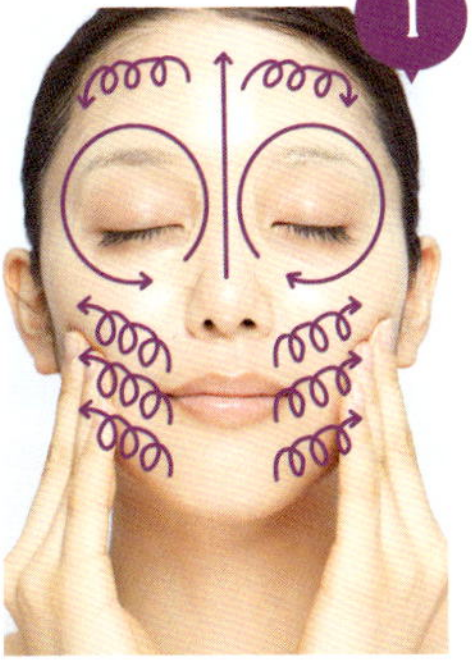

1 BB クリームを塗る

スキンケアをしたあと、BB クリームを指の腹に取り、両手で温めてから、顔に手早く塗ります。順番は頬、額、頬、あご、細かい部分、フェイスラインです。

POINT 約 5mm 眉山寄りからスタート。

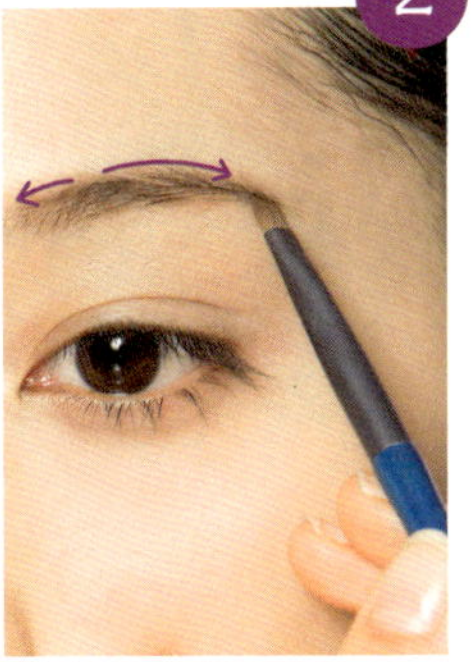

2 マルチカラーで眉を描く

アイブロウにもなるマルチなパウダーで眉を描きます。目頭よりも 5 mmくらい眉山寄りから描き始め眉尻までパウダーだけで描きます。

POINT 濃い色は細く塗り、アイライン風に仕上げる。

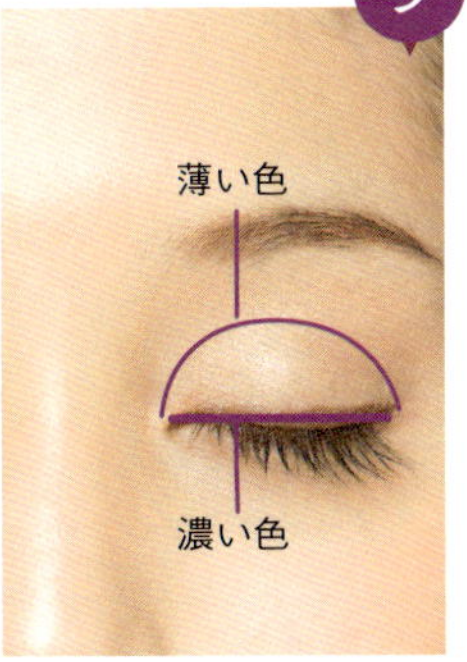

3 アイシャドウ 2 色とマスカラを塗る

アイシャドウにもなるマルチなパウダー 2 色でまぶたを塗ります。マスカラはまつ毛の根もとをしっかり持ち上げて塗ります。

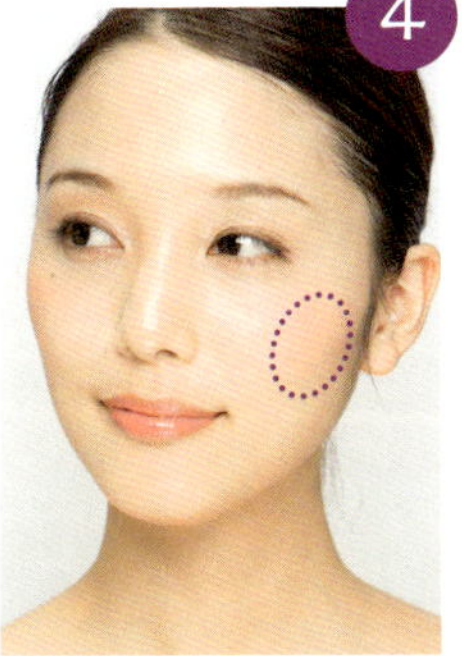

4 パウダーチークを塗る

肌になじむ色のチークをブラシに含ませ、手の甲で 2 ～ 3 回軽くはたいたあと、頬骨と口角を結ぶラインに少し細長く入れます。

POINT リップラインはていねいに描く。

5 口紅の直塗りだけで仕上げる

唇が映える色の口紅を直塗りします。唇の中央を塗ったあと、口紅の縁を使って輪郭をていねいに描きます。口角もしっかり塗ってつなげます。

POINT 口角はきちんとつなげる。

6 仕上がり

目もとが締まって見えているかをチェック。濃いアイシャドウが効いていないときは少しアイシャドウを太めに足して。

メイク直し

3時間ごとにメイクをチェックして気になる部分だけのリカバーでキレイに

朝、きちんとメイクをしても、汗や皮脂、乾燥などにより、早ければお昼ごろには化粧崩れが気になってきます。なかには、朝メイクをしたあとは一日中メイク直しをしないという人もいますが、自分で気がつかないだけで、時間がたてばどうしてもファンデーションが落ちたり、アイメイクがにじんでしまいます。そのままにしておくと、きちんと感が出ませんし、汗や皮脂とメイクが混ざると、肌あれの原因にもなります。

そこで、メイクをしたら3時間ごとに鏡でメイクをチェックしてみましょう。そして、気になる部分だけでもメイク直しをすれば、あっという間にさわやかな顔に戻ります。

誤解してはいけないのが、メイク直しとは落ちたメイクを単につけ直すことではないということです。落ちたメイクはきちんと取り除いて、最小限のリカバーで最初に施したキレイなメイクを復活させることがメイク直しの課題です。正しいメイク直しは肌への負担を軽くし、肌あれ予防になる点も覚えておきましょう。

メイク直しのマストアイテム

必ず揃えておきたい、メイク直しに欠かせない道具です。

- **メイク落とし用シート。または、クレンジングローションを含ませたコットン**…落ちたメイクを拭き取ります。
- **ティッシュペーパー**…余分な皮脂や汗を吸い取ります。
- **美容オイルまたは美容液**（化粧下地としても使えるもの）…乾燥した肌に塗ります。
- **綿棒**…落ちたアイメイクを取り除きます。
- **プレストパウダー**…落ちたファンデーションを軽く押さえた上からのせます。
- **リップクリーム**…乾燥対策のためにリップの前に塗ります。
- **リップ**…落ちたリップを塗り直します。

さらにもっていると便利なもの

- **ミストタイプの化粧水**…肌にスプレーをすると汚れを拭き取りやすい状態になります。
- **ファンデーション類**…塗り直しに使います。
- **アイシャドウ**…使った色の中で1番広くまぶたにぼかした色のみ。直しに使います。
- **チーク**…塗り直しに使います。

メイク直しのポイント

肌、目、口の部分別に、短時間で効果的にメイク直しをする方法を紹介します。

肌

使用する道具／ミストタイプ化粧水、ティッシュペーパー、美容オイル、フェイスパウダー

1

ミストタイプの化粧水を使う

崩れがひどい部分のみメイク落とし用シートなどで落とします。次にミストタイプの化粧水をつけ、汚れを拭きやすい状態にします。

2

ティッシュペーパーで押さえる

三角に折りたたんだティッシュペーパーで肌を押さえ、余分な皮脂や汗を吸い取ります。

3

美容オイルを塗る

手のひらに保湿効果のある美容オイルを取り、両手でなじませてから、顔全体に塗ります。保湿美容液の場合は指に取り、肌になじませます。

4

フェイスパウダーで押さえる

パフにフェイスパウダーを取り、顔全体を軽く押さえるようにしながら塗ります。チークを塗る場合は、最初に塗った部分よりも少し内側に入れます。

口もと

使用する道具／保湿（リップ）クリーム、リップ

保湿クリームかリップクリームを塗る

唇に保湿クリームまたはリップクリームを塗ったあと、薬指でらせんを描くようにしながら唇をマッサージします。このあと、リップを直すと血行がよく見えます。

目もと

使用する道具／ファンデーション、綿棒、アイシャドウ

綿棒＆ファンデでパンダ目を修正

下まぶたについた汚れはファンデーションを含ませた綿棒で拭き取ります。アイシャドウはまぶたに１番広く入れた色を塗り直します。

スキンケア

肌質、季節、年齢に合わせた手抜きのない保湿が肌を変える

　スキンケアの基本は、メイクや皮脂をしっかり落とすことと保湿です。クレンジングのページでも触れますが、油性のメイクの汚れはおもにクレンジング料で落とし、水性の汚れは洗顔料で落とします。

　毎日の保湿には、化粧水、美容液、乳液、クリームが役立ちます。トラブルのない普通肌の場合、洗顔料、化粧水、乳液の3アイテムでのお手入れが基本です。そして、メイクは必ずクレンジング料で落とします。保湿効果を高めたい場合は、乳液の前に保湿効果のある美容液を。それでも乾きが気になるときは、乳液のあとに部分的にクリームを足すか、乳液をクリームに替えます。

　朝と夜のスキンケアは、同じでかまいませんが、夜の間に肌を積極的に回復させたいときは、美容液やクリームを高保湿タイプやアンチエイジングタイプのものに替えて、ワンランク上のお手入れをするのもよいでしょう。

　スキンケアは毎日欠かさず行うのが、素肌をキレイに保つコツです。

そろえておきたい保湿効果のある化粧品

保湿はスキンケアにとって大変重要なキーワード。毎日のお手入れに必要なアイテムを紹介します。

●化粧水
水分と保湿成分が含まれています。年齢が出やすい首にも塗ってうるおいを与えましょう。

●美容液
美肌効果の高い成分をたっぷりと含んでいます。配合成分によって、美白やアンチエイジングなど効果が変わってきます。季節や年齢などに合わせてプラスしていきましょう。

●乳液
化粧水よりも保湿成分をたっぷりと含んでいます。保湿の要となるアイテムですので、忙しいときでも乳液だけは毎日塗っておきましょう。

●クリーム
乳液よりも油分が多く、保湿成分やアンチエイジングのための成分が含まれているものが多いアイテム。乳液を塗っても乾く部分にのみ重ね塗りをするか、顔全体に塗ります。

スキンケアのポイント

手のひらで肌の乾きを確認しながら、必要な保湿をしてきます。

使用する道具／洗顔料、化粧水、乳液、クリーム

1

きめ細かい泡で洗顔する

洗顔料を泡立てて、きめの細かい泡をつくります。泡で肌を包み込むようにして、汚れを吸着させましょう。

POINT

泡で洗うと汚れが浮き上がる。

2

化粧水でうるおいを補給

両手にたっぷりと化粧水をとり、肌を軽く押さえるようにしながら塗っていきます。

3

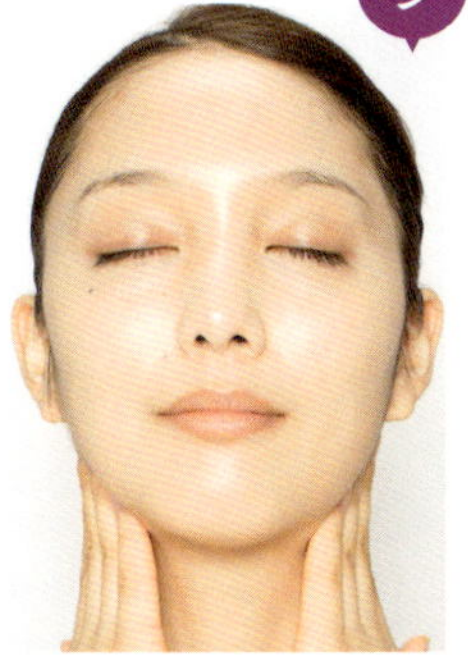

首にも塗る

化粧水は首にも塗ります。上から下へ、リンパの流れを意識しながら、塗りましょう。

4

乳液を塗る

化粧水を塗ったあと、乳液を塗ります。首にも塗り、うるおいのある肌を保ちます。

乾燥が気になるときのスペシャルケア

目もとの乾きにはクリームを

乳液を塗っても目のまわりの乾きが気になるときはクリームを塗ります。乳液よりもクリームのほうが油分が多いため、保湿力も高くなります。

乾きやすい部分

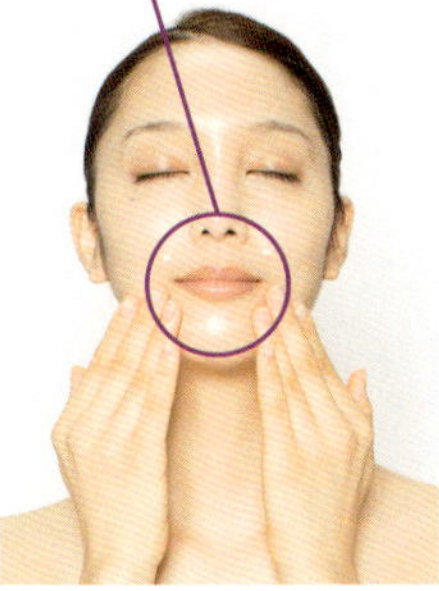

口もとにもクリームを

口の動きとともによく動く部分は、乾きやすくなります。乾きが気になるときは、クリームを塗りましょう。

クレンジング（メイク落とし）

メイクを落とすために最適な化粧品を選び、短時間で落とす

メイク料には洗顔料だけで落ちるものとクレンジング料がないと落ちないものや、ウォータープルーフ化粧品のように専用クレンジング料でないと落ちないものがあります。そのため、自分のメイクに最適な落とすための化粧品を選ぶことがとても大事です。まずは今使っているメイク料を落とすのに何が最適なのか、説明書などで確認をしてみましょう。

メイクと落とすものの相性が悪いと、肌への負担が大きくなります。クレンジング料には油性の汚れを落とすための界面活性剤が含まれているので、必要以上の量を使うと肌への負担となります。反対に、クレンジング料が必要なときに洗顔料だけで落とすと、肌にメイクが残り、刺激となるのでやめましょう。また、クレンジング料は肌に長く置いておくと刺激になるため、汚れと混ざり合ったらすぐに洗い流すか拭き取ります。

そして、クレンジングのあとは、必要な場合は洗顔料で洗い、すぐに保湿のお手入れを行うことが、スキンケアの基本につながります。

クレンジング料にはおもに以下の種類があります。

●オイルタイプ
成分の多くが油分。メイクや皮脂となじみがよく、落ちがよい。

●クリームタイプ
水の中に油の成分が分散されたタイプが主流。汚れと混ざりやすい。

●ジェルタイプ
オイルジェルタイプはクリームタイプと同じクレンジング力。水性ジェルはクレンジング力が弱い。

●乳液タイプ
クリームを低粘度にしたもの。クリームタイプよりクレンジング力は弱い。

●ローションタイプ
コットンに含ませて拭き取る化粧水タイプ。クレンジング力は弱い。

●シートタイプ
クレンジングローションを含んだシート状のクレンジング料。携帯でき、手軽に使えるのが利点。

クレンジングのポイント

目もとから始めて、肌をこすらないようにしつつ、手早く終わらせましょう。

使用する道具／クレンジング料、コットン、綿棒

1

ポイントメイクから落とす

クレンジング料をたっぷりと含ませたコットンをまぶたの上に置き、30 秒ほどしてから下へ滑らせて落とします。唇も同様に。

POINT
こするのはNG。

2

マスカラをていねいに落とす

❶だけで落ちないマスカラは綿棒で落とします。下まぶたにコットンを置き、まつ毛の上からクレンジング料を含ませた綿棒で落とします。

3

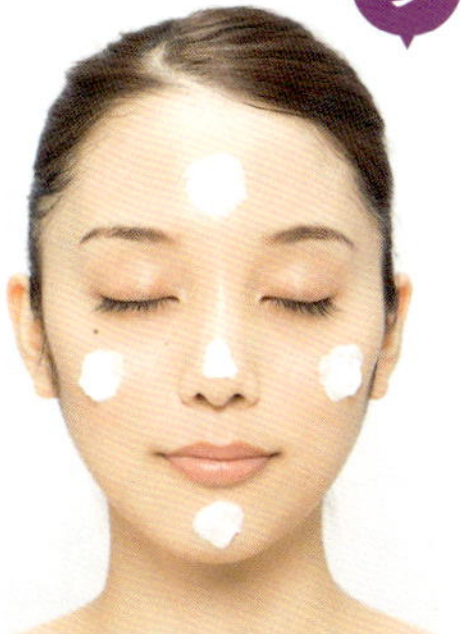

クレンジング料を5 か所に置く

クレンジング料を額、両頬、あご、鼻に置きます。肌への摩擦を軽減するためにたっぷりと使いましょう。

4

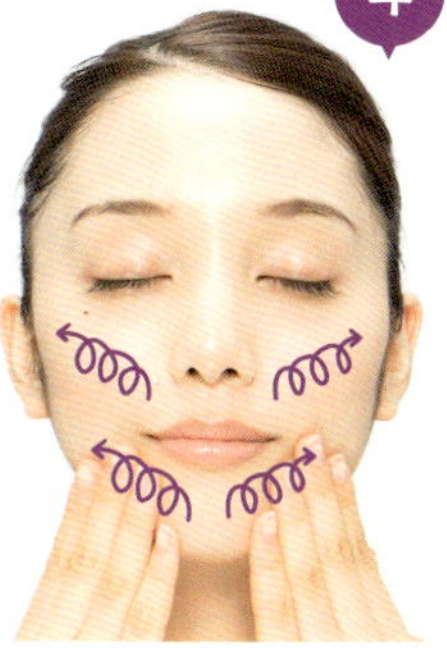

あごと頬に広げる

指の腹全体を使い、軽いタッチでクレンジング料を広げていきます。まずはあごと頬から。らせんを描くようにして汚れとなじませていきます。

5

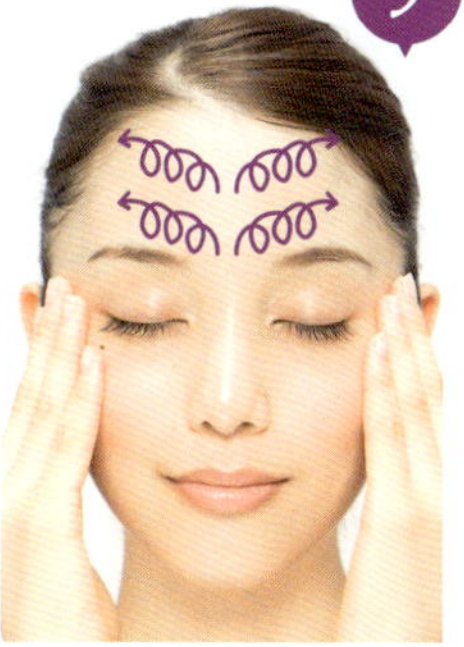

額に広げる

額のクレンジング料を広げていきます。らせんを描くようにして汚れとなじませていきます。

6

眉と唇にもなじませる

眉と唇にもクレンジング料を広げ、汚れとなじませます。最後にぬるま湯でていねいにすすぎ、洗顔料で洗顔し、スキンケアへ移ります。

プレマッサージ

リンパの流れを意識したマッサージで メイク前に血色のよい肌をつくる

スキンケアの効果を十分発揮させ、化粧のりのよい肌をつくるためにおすすめなのが、メイク前に行うマッサージです。洗顔後、化粧水や美容液を塗ったあとに行うのが効果的です。マッサージのポイントはふたつ。ひとつめは、肌を引っ張らないことです。引っ張るとシワの原因になるので、のびがよく保湿効果のあるクリームまたは拭き取りのいらないマッサージクリームやジェルを顔全体にたっぷりと塗ったあとにマッサージをします。

ふたつめは、老廃物を運ぶ働きのあるリンパの流れを意識して行うことです。具体的には、耳たぶの付け根あたりにあるリンパ節と鎖骨の下にあるリンパ節に向かってリンパ液を流すように意識して手を動かします。リンパの流れがよくなると、むくみが改善されると同時に血行も促されるので、血色のよい肌になり、自然とメイクののりもよくなります。

印をつけたところのリンパ節を意識してマッサージを行いましょう。

プレマッサージにおすすめのクリームとジェル

洗い流さないタイプのマッサージ用のクリームやジェル、またはのびのよい保湿クリームを使いましょう。

マッサージ用ジェル

拭き取り不要が便利。

アミノマッサージジェル（ジ）

のびがよい馬油

人の皮脂に近い成分をもつ馬の油は肌への刺激が少ない。のびがよいタイプを選んで。

ピュアホワイト Q10 プレミアムローズ（北）

マッサージクリーム兼保湿クリーム

リフトアップを目的としたクリームの中で、マッサージクリームにもなるタイプを選べば、一石二鳥。

DEW スペリア リフトコンセントレートクリーム（カ）

プレマッサージのポイント

指の腹を肌に密着させたまま、力を入れずにさすります。

使用する道具／洗い流さないマッサージ用クリームまたはジェル

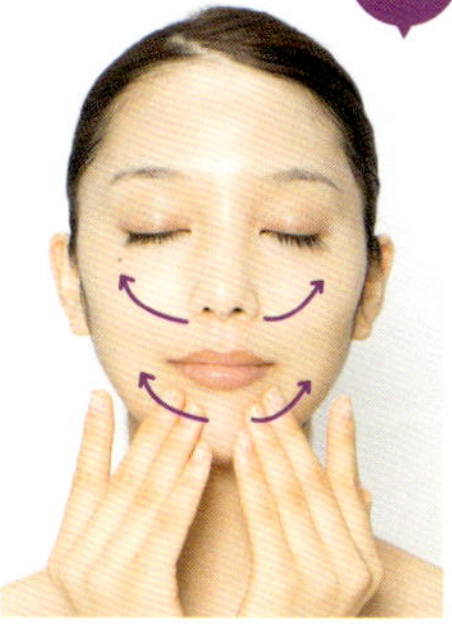

1

あごから頬をさする

中指と薬指の腹であごから口角、小鼻から頬をさすります。この工程を4回繰り返します。

POINT
下から上へさする。

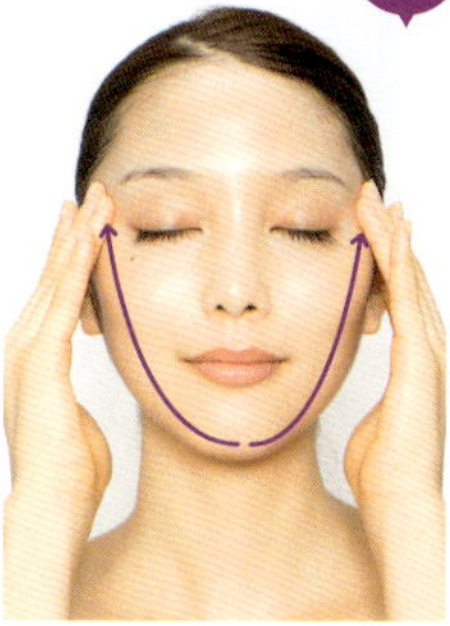

2

あごからこめかみをさする

あごからこめかみへ向けて、4回さすります。次に、こめかみを痛くて気持ちがよいと感じるくらいの力で押します。

3

目のまわりをやさしくさする

中指の腹を目頭に当て、軽く押します。目の下の骨のくぼみに沿って滑らせ、こめかみまで来たら、押します。これを3回繰り返します。

4

鼻下から頬までをさする

中指の腹を鼻の下に当て、頬骨の下まで滑らせます。ほうれい線をのばすように、ほうれい線と垂直に滑らせること。これを3回繰り返します。

5

耳のうしろまでリンパを流す

親指の腹をあごの下に当て、フェイスラインの骨に沿わせながら耳の後ろまで圧を加えながらすべらせます。これを3回繰り返します。

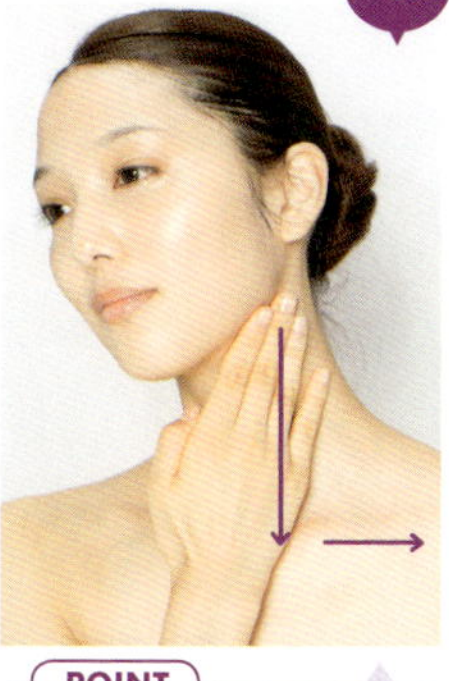

6

鎖骨の下までリンパを流す

人差し指､中指、薬指を耳の下に当て、圧を加えながら首の脇を鎖骨の下を通り、鎖骨に沿い肩まですべらせます。これを3回繰り返します。

POINT
リンパの排出を促す。

ヘッドマッサージ

5分間のヘッドマッサージで顔のむくみ、たるみ、血色の悪さを防ぐ

頭皮と顔の皮膚はつながっています。そのため、顔のマッサージを熱心にしても頭皮が硬くて血行が悪い状態のままでは、慣性的な顔のむくみやたるみ、血色の悪さをスムーズに改善することは難しくなります。そこで定期的なヘッドマッサージがおすすめです。

ヘッドマッサージを効果的に行うポイントは、頭皮をゆっくりと大きく動かすことです。頭皮が硬い人は、頭皮が動く範囲が狭くなっています。できれば体が温まっているときに（お風呂上がりが最もおすすめです）、指の腹で頭皮をしっかりとつかみながら動かしましょう。ゆっくりと動かしていると、徐々に動く範囲が広がってきて、頭皮がやわらかくなってきます。同時に、顔が温かくなり、血行が促されていることがわかるはずです。

短時間でできるのでお風呂上がりが難しいときは、テレビを見ているときや、パソコン作業の合間にするのもよいでしょう。ただし、やりすぎは頭皮への負担になるため、1日1回を目安にしましょう。

血行を促すツボ

頭にはたくさんのツボがあります。その中でも、皮膚の血行を促して、肌にもよい影響を与えるツボを紹介します。ヘッドマッサージができない日は、このツボを押すだけでも、血行が促されます。

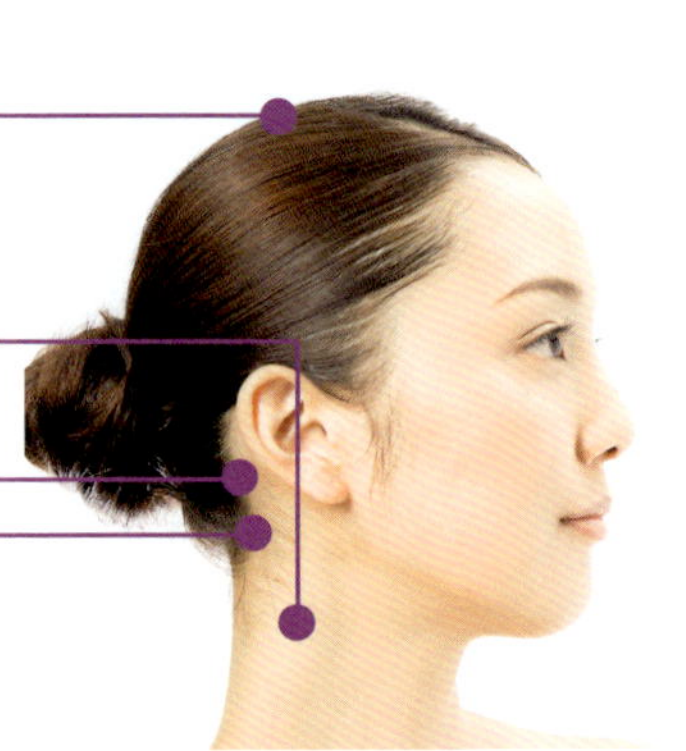
百会《ひゃくえ》…自律神経を整え、頭部の血行を促す
天窓《てんそう》…シワやたるみに
風池《ふうち》…血行促進、肩のこり、眼精疲労に
天柱《てんちゅう》…首や肩のこりに

ヘッドマッサージのポイント

頭皮に爪を立てずに、手のひら全体や指の腹を使って痛気持ちよいくらいの力加減で行います。

1 頭皮を動かす

髪の毛の内側に両手を入れて、指の腹で側頭部をわしづかみし、そのまま頭皮のみを前後左右に動かします。指の位置を変えて、数カ所で行います。

2 頭を押す

❶と同じようにに頭をわしづかみにしたまま、指の腹に力を入れて押します。指の位置を変えて、数カ所を押していきます。

3 頭皮を上へ引き上げる

両手のひらの手首に近い部分をこめかみに当て、頭を押さえます。そのまま、手を上へ移動して、頭皮を上へ引き上げます。

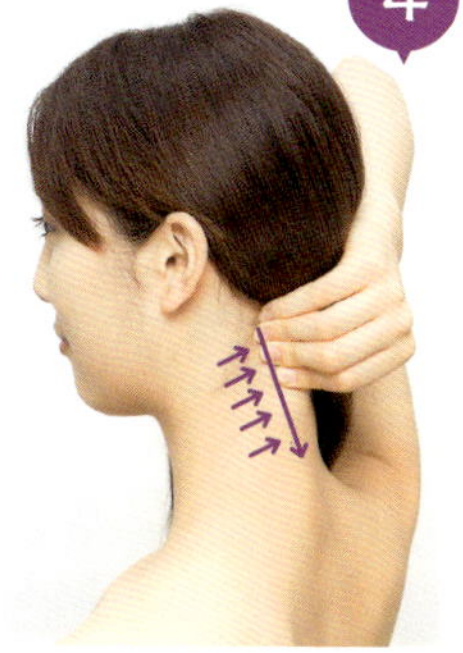

4 首をもみほぐす

右手の親指を除く4本の指の腹で左の首筋をつかみ、指先に力を入れてもみます。指の位置を変えて数カ所もんだあと右の首筋も同じ要領でもみます。

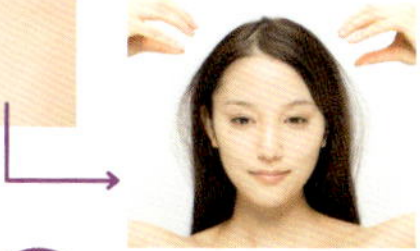

5 頭皮をつかんで離す

両手の全ての指の腹で頭を軽くつかんで離します。指の位置を変えて10回ほど繰り返します。

6 生え際をもみほぐす

両手の親指の腹を髪の生え際に当て、そのまま円を描くよう指を動かします。指の位置を変えて、生え際全体をもみほぐします。これを3～5回繰り返します。

メイク道具のお手入れ法

道具ごとに適したお手入れ法をマスターしましょう。

使うごとのお手入れと定期的な洗浄を習慣に

メイクの腕が上がっても、汚れたメイク道具でメイクをしていると、キレイに仕上がらないだけでなく、ブラシなどについた雑菌や酸化した皮膚が原因で、肌トラブルが起こることがあります。「なかなかニキビが治らない」「肌あれが続いている」という人は、使っている道具が汚れていないか確認しましょう。メイク道具はなるべく使うたびにお手入れをし、定期的に洗浄をして、清潔を保ちましょう。

スポンジ、パフ、チップ

●お手入れのタイミング

できれば使うたびに行います。または、使い捨てのものを使い、その都度新しいものを使うのがおすすめです。

パウダー用パフ

メイク用スポンジ

●お手入れ法

石けんで洗うとスポンジ類の劣化が早くなるため、専用のクリーナーで洗いましょう。パフやチップに直接つけて、手でもむようにして洗い、ぬるま湯ですすぎます。ただし、クリーナーによって使い方が異なるので、製品についている説明書で確認をしましょう。洗っても色がなかなか抜けなくなってきたら、新しいものに替えましょう。とくに、スポンジは劣化が早いため、洗っても汚れが残るようなら替えどきです。

スポンジやチップなどに専用のクリーナーを落として含ませます。

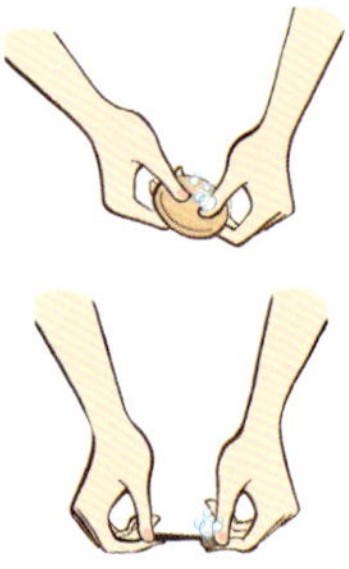

手でもみ込み、ぬるま湯で洗い流します（ひとつの製品の使用例です）。

コーム、毛抜き

●お手入れのタイミング

使うたびに行います。

左から 資生堂シュエトゥールズブローブラシ＆コーム / 資生堂アイブローニッパーズ 211（資）

● お手入れ法 クレンジングシートを使って拭き、油分やメイクの汚れを落とします。

メイクブラシ類

●お手入れのタイミング

使うたびに行います。洗うのは、1～2週間ごとがベストです。

●お手入れ法

使ったあとは必ず、毛先だけをティッシュペーパーで軽く挟んではらいます。汚れやにおいが気になってきたら、専用のクリーナーで洗いましょう。使い方は、製品によって異なりますが、どのクリーナーを使う場合でも、ブラシの柄の部分は濡らさないようにします。ここは乾きにくい部分のため、カビが生える原因になります。

鉄舟コレクション チークブラシ（カ）

コンシーラーブラシ（ク）

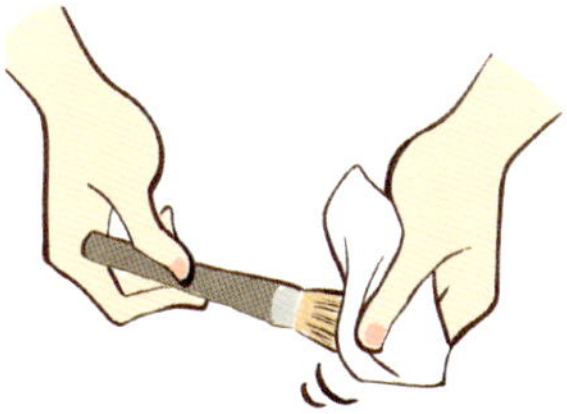

ティッシュペーパーに毛先を軽く挟んでからブラシを数回拭き取ります。

ビューラー

●お手入れのタイミング

使うたびに行います。

●お手入れ法

ゴムの部分とそのまわりをティッシュペーパーで拭き取ります。ゴムは、弾力がなくなってきたり端が切れてきたら交換します。ゴムが古くなっているのに使い続けると、まつ毛が切れる原因になります。

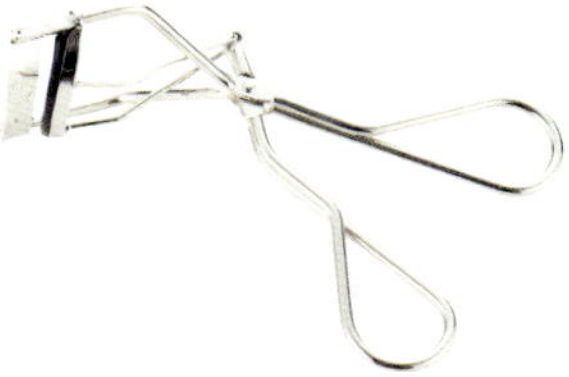

資生堂アイラッシュカーラー 213（資）

つけまつ毛

●お手入れのタイミング

使ったあとに行います。または使い捨てのものを使い、その都度新しいものを使うのがおすすめです。

● お手入れ法

つけまつ毛についているのりを、爪先ではがれる分だけやさしくはがします。つぎにアイメイク専用リムーバーを含ませたコットンで、つけまつ毛に付着したのりとマスカラをやさしく拭き取ります。できれば、雑菌などによる眼の炎症を防ぐためにも、使い捨てのものを使用するか、2～3回程度にしましょう。

アストレア ヴィルゴ アイラッシュ ナチュラルタイプ N8（シ）

美容用語解説

この本に登場した、メイクやスキンケアなど美容にまつわる用語を解説します。

メイク編

●アイシャドウ

まぶたや目尻に塗って陰影をつけ、立体感を出すもの。目の美しさを強調させる。おもにパウダータイプとクリームタイプがある。細かい部分にまで色をのせていくときはパウダータイプを、広い部分をツヤのある質感に塗っていきたいときはクリームタイプが向いている。

●アイブロウ

眉毛を増えたように見せて、きれいに整えるための道具。

○アイブロウパウダー

眉の濃淡をつけやすく、自然な影をつくることができるパウダー状のアイブロウ。

○アイブロウペンシル

1本1本の眉毛を描くように、眉をつくっていくことができる鉛筆タイプのアイブロウ。眉の細かい部分を埋めるのに適している。ただし、ペンシルですべてを描こうとすると、テクスチャが固いため、どうしても濃くついてしまうので注意が必要。

●アイライナー

上下のまつ毛の生え際沿いにくっきりとしたラインを引くための道具。目の印象を強めて、魅力的にみせる。形状は、種類が豊富だが鉛筆のようなペンシルタイプ、液状のリキッドタイプなどが代表的。

●イエローベース、ブルーベース

人の肌の色のタイプのこと。日本人の肌の色は大きく分けるとイエローベースとブルーベースに分けることができる。この2種類の肌のトーンには、それぞれ合う色と合わない色があり、その色を知ることで、化粧品の色選びが上手になる。

●界面活性剤

油と水を混ざりやすくする物質のこと。ひとつの分子内に油になじみやすい部分（親油基または疎水基）と、水になじみやすい部分（親水基）の両方をもっている。この性質を利用して、クリームや乳液をつくる際にも使用されている。

●カラーコンタクトレンズ

コンタクトレンズの、眼球の中心部よりも外側に着色をしたもの。黒目の色を変えることで、黒目を大きく見せたり、顔のイメージを変えることができる。

●化粧下地

肌の凹凸をカバーし、外部の刺激から肌を守る働きもある化粧品。肌に密着させることで、ファンデーションのノリやつき、もちをよくする効果がある。

●コンシーラー

一般的なファンデーションよりも油分が多く、カバー力のある化粧品。シミ、シワ、毛穴、くまなど、ファンデーションでは隠しきれない悩みをカバーする効果をもつ。

●コントロールカラー

肌の色みを補正することを目的とした化粧品。くすみ、赤み、青みなど色みが気になる部分に塗ることで、肌の色を均一にする。

●時短メイク

通常のメイクの時間を短縮してメイクをすること。

15分以内で完成することを指すことが多い。

●チーク

肌に自然な血色を与えたり、顔を立体的に見せる効果をもち、頬紅とも呼ばれる。パウダータイプとクリーム（練り）タイプがある。

●つけまつ毛

糸の上に人毛やナイロン毛をつけて作った人工のまつ毛。専用の接着剤（のり、グルーともいう）を使ってまつ毛の生え際に貼り付ける。

●天然毛

化粧用ブラシやつけまつ毛など、毛を使った製品の材料となる毛の種類のうち、動物の毛のことを指す。代表的な天然毛として、リス、ウマ、ヤギ、ブタなどがある。動物によって毛の硬さや性質が違うため、使用感も異なる。また人工毛とは、天然毛に似せて化学繊維でつくられたもの。

●涙袋

目の下のふくらんだ部分のこと。ここをメイクで強調させると、若々しく、可憐なイメージになる。

●パール感

真珠やラメのような光沢、ツヤなどの輝きがある状態。

●ハイライト

光を受けると反射して、塗った部分を明るく見せるアイテム。顔の中で、高く、広く、大きく見せたいところに使う。自分の肌の色よりも明るめのベージュやブラウン、白がおすすめ。

●パフクリーナー

メイク用パフを洗浄するための液剤。パフの品質を大事にしながら、キレイに洗うことができる。メーカーによって洗い方が違うため、説明書をよく読んでから使うこと。

●一重、二重、奥二重

目を開けたときに、目の際の皮膚が折り畳まれている部分の名称。二重になっている状態を二重といい、皮膚が折り畳まれないのが一重、折り畳まれた部分がまぶたの皮膚によって隠れてしまうのが奥二重といわれる。アイメイクを効果的にするためには、この目の個性に合わせたメイクをすることが大事。

●ビューラー

まつ毛をはさんで、カールさせるもの。まつげを挟む部分にゴムがついていて、その柔軟性を利用してまつ毛をカールさせる。種類は全体をカールさせるタイプと、目尻など一部分だけをカールさせるタイプがある。

●ファンデーション

肌の凹凸や色むらをカバーして、なめらかな肌にするためのアイテム。以下のような種類がある。

○クリームファンデーション

油性成分がクリーム状のファンデーション。乾燥しやすい肌やしっかりカバーしたいときに向いている。

○リキッドファンデーション

油性成分が液状のファンデーション。カバーしながら透明感のある肌づくりに向いている。

○パウダーファンデーション

粉体原料が主体のファンデーション。マットな肌を演出したいときに向いている。

○BBクリーム

もともとは、手術後の肌を一時的にカバーするために生まれたもので、日焼け止め、化粧下地など多機能を兼ね備えたファンデーション。「Blemish Balm」の略。日焼け止めとファンデーションをおもな目的とするものが多いが、ほかにも化粧下地や肌色補正などいくつかの効果を合わせもつタイプもある。

○CCクリーム

「color corrector」や「complete correction」などと呼ばれているファンデーション。BBクリームの進化系ともいわれ、BBクリームと比べるとスキンケア効果や肌補正効果などが高いものが多い。

○ミネラルファンデーション
ミネラルを使用したファンデーションのこと。ミネラルとは、酸化チタン、酸化亜鉛、酸化鉄、マイカなど、天然の鉱物（無機質）のこと。ミネラルは肌への負担が比較的軽く、敏感肌の人に支持されている。

●フェイスパウダー
粉分が多く、油分が少ないファンデーション。肌をマットに仕上げたり、化粧崩れを防ぐのに役立つ。単独でも使えるが、クリームまたはリキッドファンデーションやBBクリームと一緒に使うのが一般的。

●フェイスライン
顔の輪郭部分のこと。頬からあごにかけてのラインをいうこともある。

●頬骨
顔の骨格の中で、顔面の左右にあり、頬に盛り上がりをつくっている骨。メイクの際、チークを入れるときの位置の確認のポイントになる。

●ホットビューラー
ヒーターの熱でまつ毛をカールする電熱式のビューラー。コームの形によって、仕上がるまつ毛のイメージが変わってくる。

●マスカラ
まつ毛を太く、長くして、目のサイズを放射状に広げて見せるための化粧品。液別の特徴としては、一般的な液状のタイプのほかに、乾くとフィルム状になって水ににじみにくいフィルムタイプ、汗と水に強いウォータープルーフタイプがある。また、ブラシの機能により、ロングタイプ、ボリュームタイプ、カールタイプなどにわかれる。

●まぶた（上まぶた、下まぶた）
目を閉じたときに眼球を包み込む部分のこと。上の皮膚の部分を上まぶた、下の皮膚の部分を下まぶたという。

●眉頭、眉山、眉尻
眉毛の中の部位名。眉の1番内側を眉頭、1番外側を眉尻、眉頭と眉尻の間にあって1番高い位置にあるのを眉山という。

●目頭、目尻
目の部位名。目の最も内側の部分が目頭、最も外側の部分が目尻。

●リップ
唇に色やツヤをのせることで魅力的に見せる、リップメイクのための化粧品。

○口紅
油分を主体とした固形のリップ。おもにスティックタイプを指す。

○リップペンシル
油分を主体とした鉛筆状のリップ。唇に密着して、落ちにくいのが特徴。

○リップグロス
油分よりもジェルなどの水溶性の成分を主体としたリップ。唇にツヤを与える。

●ローライト
肌の中に影をつくるためのアイテム。塗った部分を低く、狭く、小さく見せる。

スキンケア編

●くすみ
血流の低下、肌の凹凸、メラニン色素の沈着によって肌が暗くなること。なかでも黄ぐすみは、肌の糖化によって起こり、肌の明るさやツヤが失われることをいう。

●くま
目の下の黒ずんだ部分のこと。大きく分けて、目のまわりの毛細血管の血流が滞ることが原因の青ぐま（血行不良型）、加齢により目の下の皮膚が薄くなってコラーゲンが減ることが原因の黒ぐま（たるみ型）、シミが集まって茶色く見えたり目をこするなどの刺激が原因の茶ぐま（色素沈着型）の3種類がある。

●クリーム

水分、保湿成分、油分などを幅広い比率で配合したもの。皮膚の保湿、柔軟性を保つ。美白成分、保湿成分などを含む機能性の高いものもある。

●シミ

皮膚にできる茶色や黒色の斑点などのこと。肝斑、炎症の痕、老人性色素斑など、いろいろな種類があり、発生の原因についても、紫外線、炎症、ホルモンなどいくつかある。

●シワ

皮膚が萎縮して線が入ったように見える状態のことをいう。シワと呼ばれるものには、表皮性シワ（いわゆる小ジワ）と真皮性シワがある。表皮性のシワは、目や口のまわりに多く、乾燥や加齢により肌の柔軟性が欠けてくるとできやすくなる。真皮性のシワは、真皮にあるコラーゲン線維やエラスチン線維がダメージを受けて、柔軟性と弾力性が欠けてくるとできやすくなる。

●セラミド

角質の中にあって、肌の水分をつなぎ止めている角質細胞間脂質に含まれている成分。年齢とともに皮膚が乾燥するのは、セラミドが減ることが大きな原因のひとつとされている。

●たるみ

皮膚の弾力が低下し、脂肪を支えきれなくなり、肌全体が下がった状態のこと。

●たるみ毛穴

コラーゲンの減少など真皮の老化により、毛穴を支えきれなくなって、しずく型にたれさがった毛穴のこと。頬の毛穴に多く見られる。

●ニキビ

毛穴の出口の角質が厚くなることで、角質が毛穴をふさぐようになり、皮脂が詰まることによって起こる毛穴の炎症。過剰な皮脂分泌と遊離脂肪酸（アクネ菌による脂肪の分解物）が原因といわれる。毛穴内に炎症が起こって毛穴のまわりが赤く腫れた状態が「赤ニキビ」、炎症が進み、毛穴の壁が壊れて広がったあと、へこみが残った状態が「ニキビ痕」という。

○コメド

ニキビのできはじめで、毛穴に皮脂が詰まった状態。ニキビが悪化する過程で、毛穴の出口部分がふさがれて皮脂がたまった状態を「白ニキビ」といい、面皰ともいう。

●化粧水

角質層に水分と保湿成分を与える働きの基礎化粧品。洗顔後に使用し、その後のクリーム、美容液の肌への浸透をよくする。

●角質

皮膚表面（角質層の1番上）にある、死んだ細胞。主成分はケラチンと呼ばれる硬タンパク質。乾燥や刺激などから皮膚を保護する役割がある。

●乳液

おもに、水分、保湿成分、油分を与える働きの化粧品。化粧水とクリームの中間的性格をもつものが多く、油性成分量に対して水性成分の比重が大きいのが特徴。そのため、肌に対してのびがよく、なじみやすい。

●美容液

保湿をはじめ、美白、酸化防止、消炎作用など、美容成分を配合した化粧品。

●ほうれい線

小鼻から口角へ向かってできるシワのこと。頬がたるむとより一層深くなり、目立つ。

マスカラ

朝塗れば、夜まで まつ毛のカールが持つ！

まつ毛にボリュームのある束感を出したり、セパレートに広げていったりと、まつ毛にいろいろな演出ができます。カールの長時間キープも可能。ウォータープルーフタイプなので、パンダ目になりにくいのもよい点です。

ちふれ化粧品
ちふれ マスカラ ボリューム & カールタイプ

チーク

自然な立体感と 血色をつくる人気色

カラーレスメイクで立体感や自然な血色が欲しいときに大活躍するチーク。うっすらと入っているラメはゴールドなのでイエローベースに合いますが、立体感を感じる程度のコーラルカラーなので、ブルーベースの人もトライしてみる価値はあります。

NARS ブラッシュ 4013 (Orgasm) ／ NARS JAPAN

リップ

美容液効果で唇がしっとり。使いやすく上品な色みならこれ

アミノ酸の配合で、唇にスルッと塗れて、しっとりとツヤのある仕上がりになります。唇の縦ジワも気にならなくなるほどです。ありそうでなかなかない深みのある上品な色みのものが多く、誰からも好感をもたれるような唇になれます。

ジーノ
アミノファインルージュ

アイブロウ

3つのアイテムがひとつに。これ1本で立体感のある眉が完成

アイブロウペンシル、パウダーアイブロウ、スクリューブラシが1本になったスグレモノ。アイブロウは、ペンシルとパウダーの色みを合わせるのが簡単そうで実は難しい。これならパウダーでフレームを描いてから、ペンシルで足りないところだけ毛を描き足せば、立体感のある眉が完成します。

LB 3IN1 クイックアイブロウ

アイシャドウ

プロ御用達！グラデーションが つくりやすい4色セット

プロのヘアメイクアーティストも愛用者が多い、ブラウンのアイシャドウの4色セット。LUNASOLのアイシャドウは、総じて発色がよく、この4色はグラデーションをつくるのにおすすめ。イエローベースに合う色なので、ブルーベースならば同じくLUNASOLのペタルピュアアイズ01がしっくりなじみます。

カネボウ化粧品 LUNASOL
スキンモデリングアイズ 01

アイライン

熊野の筆職人が開発した 引きやすいアイライナー

シワっぽい目尻にもスーッとラインがひける、筆の品質のよさに驚くアイライナー。色も、dollyブラウン、艶ブラック、brownブラックといった、ちょっとニュアンスのある、でも普段使いできるキレイな色がそろっています。

リトルウィッチ
もてライナーモイスチャーリキッド

監修者 MANAMI による化粧品紹介

メイクビギナーの悩みのひとつに化粧品選びがあります。自分に合ったものを選ぶのが一番ですが、どれを選べばよいかわからないときに、ぜひ参考にしてください。

オイル状美容液

**乾いた肌がすぐにうるおう
さらっとしたオイル**

肌が乾燥しているとき、このオイル状美容液をスキンケアの最初に使うと、肌の毛羽立ちがすぐに抑えられ、化粧のりのよい肌になります。肌にツヤを与えたいときは、リキッドファンデーションやコンシーラーに混ぜて使います。

**ドゥーオーガニック
リンクル セラム**

BB クリーム

**カバー力と透明感の
バランスが優秀
はじめてのBBクリーム
としてもおすすめ**

元祖日本製 BB クリーム。色みも日本人が使いやすい標準色から健康的な肌色が揃っています。しっとりしているのにニキビが悪化しにくいところも利点です。

**石澤研究所ナノーチェ
BB クリーム**

コンシーラー・ハイライト

**ほうれい線やシワなどに使え、
顔をパッと明るくしてくれる救世主**

T ゾーンのハイライトや、口角、ほうれい線など気になるところにひと塗りするだけで、顔がパッと明るくなります。筆ペンタイプで塗りやすく、リキッド状で厚ぼったくつかないので、ツヤや透明感を意識したメイクのときでも、ベースには影響せず、美しい肌をつくります。

**イヴ・サンローラン
ラディアント タッチ**

フェイスパウダー

**くすみと毛穴をカバーする
女優肌のためのオレンジパウダー**

少しオレンジがかったパウダーで、もとは芸能人など女優のために作られたプロ用パウダー。オレンジはイエローベースの肌のくすみを飛ばしてくれるうえに、肌のキメを整えながら毛穴もキレイに見せてくれます。ほどよい粒子の大きさも、毛穴カバーにはプラスポイント。

**パルガントン シアトリカルパウダー
オリジナルベージュ**

ファンデーション

**きちんと肌をつくりたいときに。
肌がキレイに見えるファンデ**

長い時間、崩れにくいので、しっかりメイクをするときにはおすすめです。毛穴落ちやシワにファンデーションがたまることもなく、メイク直しのときにはティッシュオフするだけでメイクしたての肌に戻れます。

**エスティ ローダー ダブル ウェア
ステイ イン プレイス メークアップ**

撮影協力

本書で記載しております商品のメーカーおよびブランドの略称表記と正式名称の対応表と一覧です。問い合わせ先の情報は 2014 年 1 月現在のものです。ご利用の際に、一部の情報が変更することもございますのであらかじめご了承ください。

（K） =KASHOEN	www.kashoen.jp/
（L） =LB	lb-cosmetics.com/
（M） =M・A・C（メイクアップ アート コスメティックス）	www.maccosmetics.co.jp
（Mi） =MiMC	www.mimc.co.jp/
（MT）=MTコスメティクス	www.metatron-cosme.jp/
（N） =NARS JAPAN	www.narsjapan.com/
（ア） = アプロス	www.apros.co.jp/
イヴ・サンローラン・ボーテ	brand.yslb.jp/
（石） = 石澤研究所	www.ishizawa-lab.co.jp/
（井） = 井田ラボラトリーズ	www.idalabo.co.jp/
（イ） = イプサ	www.ipsa.co.jp/
エスティ ローダー	www.esteelauder.co.jp
（花） = 花王ソフィーナ	www.sofina.co.jp/
（カ） = カネボウ化粧品	www.kanebo-cosmetics.co.jp/
カネボウ化粧品（トワニー）	www.twany.jp
（ク） = クリニーク	www.clinique.co.jp/
（コ） = コーセー	www.kose.co.jp/
（ジ） = ジーノ	www.myjino.com/
（シ） = シャンティ	www.chantilly.co.jp/
（資） = 資生堂	www.shiseido.co.jp/
（セ） = セザンヌ	www.cezanne.co.jp
（ち） = ちふれ化粧品	www.chifure.co.jp
ドゥーオーガニック	www.do-organic.com/
（パ） = パルガントン	palgantong.jp/
（ポ） = ポール & ジョー ボーテ	www.paul-joe-beaute.com/
（北） = 北海道純馬油本舗	www.junbayu.com/
（ラ） = ランコム	www.lancome.jp
リトルウィッチ	little-witch.com/

監修者

MANAMI（まなみ）

メイクアップアーティスト
15 歳よりモデルをはじめ、18 歳からおもに台湾を中心にモデル、タレント、作家などの芸能活動を行い、引退後はメイクアップアーティストに転身。国内外で舞台、スチール、ショー、芸能人のヘアとメイクを担当。また講師としても活躍中。

ブログ http://ameblo.jp/beauty-bar-nami/
フェイスブック https://www.facebook.com/beautissimo1

参考資料

『人気メイクサロン「MAMEW」が教える これ一冊でわかるメイクの基本』
MAMEW 監修（マイナビ）

『化粧品のすべてがわかるコスメティック Q&A 事典』鈴木一成、朝田康夫監修（中央書院）

『日本化粧品検定協会公式 コスメの教科書』日本化粧品検定協会監修
小西さやか著（主婦の友社）

『新化粧品学』光井武夫編（南山堂）

『素肌美人になるためのスキンケア基本事典』吉木伸子著（池田書店）

『NHK きれいの魔法 保存版 美に効くツボ』柳本真弓著（NHK 出版）

キレイになるメイクのプロセス・道具がよくわかる

メイクの超基本テクニック

2014年　2月　1日 初版第1刷 発行
2017年　4月 30日 初版第9刷 発行

監修者　MANAMI

発行者　滝口直樹

発行所　株式会社マイナビ出版
〒101-0003 東京都千代田区一ツ橋 2-6-3 一ツ橋ビル 2F
TEL：0480-38-6872（注文専用ダイヤル）
TEL：03-3556-2731（販売部）
TEL：03-3556-2736（編集部）
E-mail : pc-books@mynavi.jp
URL : http ://book.mynavi.jp

色の監修（P18~19、P96~119）	色のひと® 七江亜紀
ブックデザイン	峯岸孝之 (コミックス・ブランド)
イラスト	スギザキメグミ
撮影	モデル : 長谷川梓、静物 : 黒田 彰
スタイリング	菅原 恵
ヘアメイクアシスタント	太田原美香、Eri Sato
モデル	高田有紗（セントラルジャパン）、新木優子（スターダストプロモーション）
悩み別メイクモデル	相原萌、池本真央、杞沙、熊本記子、長田樹、nana （xeno magic）、佐藤麻美（YTG agent）
編集・制作	早川景子（コミックス・ブランド）
DTP 協力	株式会社エストール
印刷・製本	株式会社 加藤文明社

【化粧品を使用する際は以下のことを守ってください】
本書で紹介している化粧品を使用する際は、化粧品の使用上の注意をよく読み、正しくご使用ください。皮膚の弱い方、アレルギー体質の方など健康上の不安がある方は医療機関や専門医にご相談の上、ご使用ください。本書の著者ならびに出版社は、化粧品を用いて生じたあらゆる問題に対する責任は負いかねます。

定価はカバーに記載しております。

ISBN978-4-8399-4814-6 C2077　Printed in Japan